Rédaction : Suzanne Agnelys et Jean Barraud,
assistés de J. Bonhomme, N. Chassériau et L. Aubert-Audigier.
Iconographie : A.-M. Moyse, assistée de N. Orlando.
Mise en pages : E. Riffe, d'après une maquette de H. Serres-Cousiné.
Correction : L. Petithory, B. Dauphin, P. Aristide.
Cartes : D. Horvath.

© *Librairie Larousse. Dépôt légal 1978-3ᵉ – Nᵒ de série Éditeur 12198.*
Imprimé en Espagne par Printer S.A. Barcelone (Printed in Spain)
Librairie Larousse (Canada) limitée, propriétaire pour le Canada
des droits d'auteur et des marques de commerce Larousse.
Distributeur exclusif pour le Canada : les Éditions françaises Inc.
licencié quant aux droits d'auteur et usager inscrit des marques pour le Canada.

Iconographie : tous droits réservés à A.D.A.G.P. et S.P.A.D.E.M.
pour les œuvres artistiques de leurs adhérents.
ISBN 2-03-252110-5.
D.L.B.: 23749-1989

la France

Librairie Larousse

17, rue du Montparnasse, 75006 Paris.

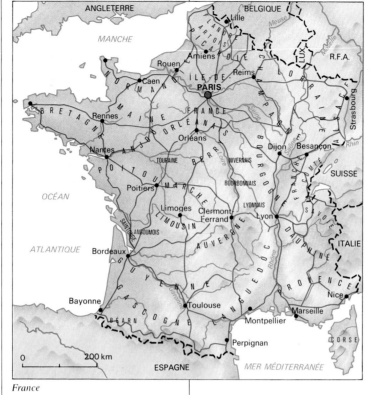

France

la France

par Jacques-Louis Delpal

Paris
page 2

l'Île-de-France
page 15

l'Orléanais
page 20

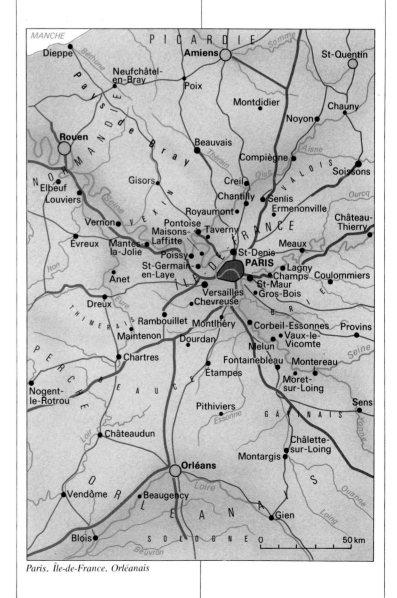

Paris, Île-de-France, Orléanais

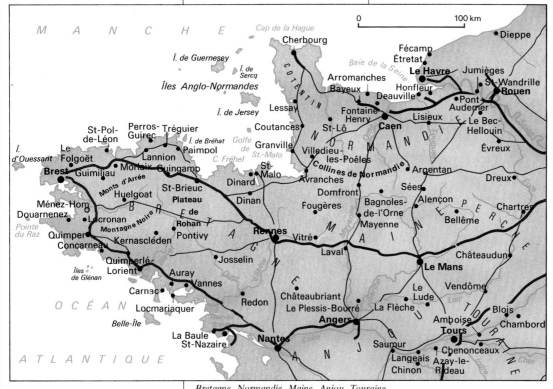

Bretagne, Normandie, Maine, Anjou, Touraine

Berry, Poitou-Charentes, Aquitaine, Pays basque, Béarn, Bigorre, Armagnac, Quercy, Périgord, Limousin

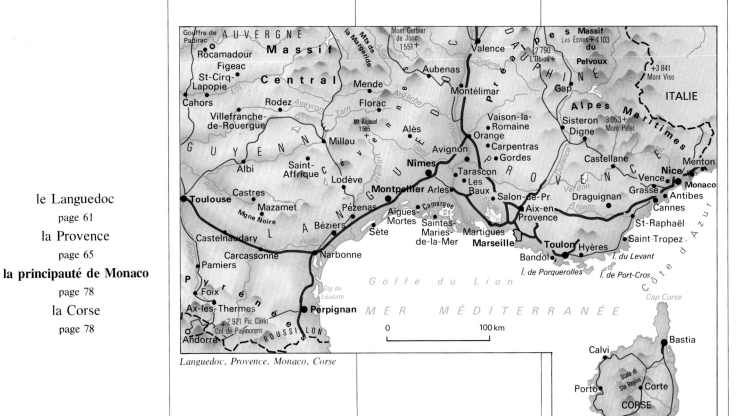

Languedoc, Provence, Monaco, Corse

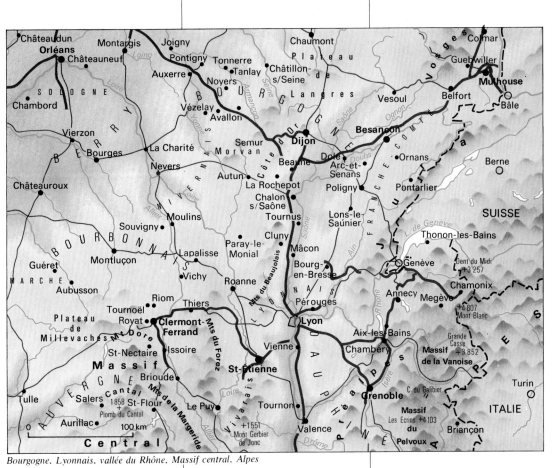

Bourgogne, Lyonnais, vallée du Rhône, Massif central, Alpes

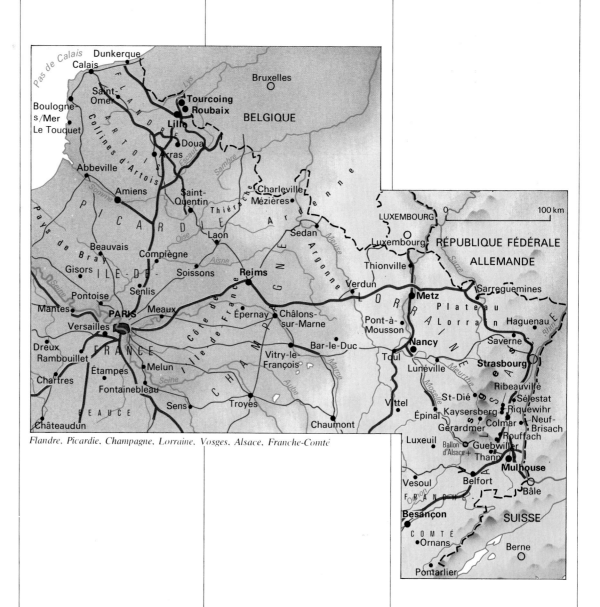

Flandre, Picardie, Champagne, Lorraine, Vosges, Alsace, Franche-Comté

la France

La « douce France » des poètes épouse trois mers et un océan, déploie ses paysages sous des cieux gris perle ou d'un bleu profond, s'ordonne autour de fleuves divergents, déroule plaines et plateaux, se soulève en gros massifs arrondis et en montagnes abruptes. Carrefour de l'Europe occidentale, cet hexagone presque régulier apparaît sur les cartes à grande échelle comme une entité naturelle, mais il s'agit d'un faux-semblant, ses contours résultant de l'histoire autant, sinon plus, que de la géographie. La vieille nation dont l'Île-de-France fut le berceau n'a trouvé ses frontières définitives qu'en 1860, avec l'annexion du comté de Nice et de la Savoie ! Plus vaste État européen après l'U.R.S.S., la France unit harmonieusement des régions qui furent indépendantes ou très autonomes, certaines ayant été de prestigieux duchés ou même des royaumes. Une seule patrie, forgée par les rois et la République, mais un pays aux cent visages...

La France multiple mêle les climats, les paysages et les hommes. Mille nuances et de lentes transitions atténuent les contrastes sans masquer l'infinie diversité qui fait son charme essentiel.

Aux vastes plaines où ondulent les blés répondent les coteaux vêtus de vignes ; aux vallées verdoyantes, les garrigues desséchées ; aux côtes dentelées, ou à falaises, de longues plages d'or pâle. Tout, sauf la monotonie... L'eau, elle-même, a sa personnalité, vive, cascadante ou paisible, ralentie par les méandres, immobilisée en lacs et en étangs. La Saône paresseuse se jette dans un Rhône violent, la Seine est sereine, la Loire capricieuse.

La France porte des métropoles comme Paris, l'agglomération lilloise, Lyon et Marseille, mais surtout des « villes moyennes », de gros bourgs, une infinité de villages. Industrialisée comme tout grand pays moderne, elle garde cependant un caractère rural très marqué. Admirablement intégré au décor naturel — exception faite des grandes villes —, l'habitat reflète les climats, les ressources en matériaux, les besoins et les habitudes des hommes. Maisons de vignerons, grosses fermes et fermettes, chaumières, mas ou demeures bourgeoises se fondent presque toujours dans le paysage. Les hautes toitures d'ardoises s'accordent à un ciel plus gris, les toits de tuiles rondes annoncent le Midi ; les maçons d'hier utilisèrent le calcaire clair, le granite austère et les briques sages... trop souvent remplacés, de nos jours, par le triste béton. Les nobles architectures témoignent des modes de leur époque et d'une évolution continue, mais l'art roman de la

▲
Paris : commandé par Napoléon Ier pour glorifier ses armées, achevé par Louis-Philippe, l'arc de triomphe de l'Étoile abrite la sépulture du Soldat inconnu.
Phot. R. Mazin

Bourgogne n'est pas celui du Languedoc, et les cathédrales gothiques sont des sœurs bien dissemblables.

Une vieille tendance centralisatrice suscita et provoque toujours maintes révoltes, la nation s'ordonnant autour de Paris, ville du pouvoir, capitale d'où routes et voies ferrées rayonnent en «toile d'araignée». Découpée en départements par la Révolution (avec quelque arbitraire), la France reste cependant faite de nombreuses régions et sous-régions qui se souviennent de leur histoire, conservent leurs particularismes, leur langue ou leurs dialectes, à tout le moins leur accent. Les vieux noms de Touraine, de Quercy ou d'Alsace chantent plus fort qu'Indre-et-Loire, Lot, Bas- et Haut-Rhin ! Au XXᵉ siècle, les Français sont toujours Bretons, Normands, Picards, Savoyards, Alsaciens, Bourguignons, Angevins, Auvergnats ou Corses. Et de leur ville, de leur village...

Histoire
Quelques repères

Avant la domination romaine (bataille d'Alésia : 52 av. J.-C.), l'actuel territoire de la France était habité par des peuples gaulois, peu liés ou hostiles les uns aux autres, mais cependant unis par leur langue et une forme de civilisation. Le monde gallo-romain, christianisé, s'effondra au début du Vᵉ siècle sous la poussée des Barbares. Au début du IXᵉ siècle, Charlemagne constitua un gigantesque empire, dépecé par ses héritiers. À partir de 987 (Huges Capet), les Capétiens œuvrèrent patiemment à l'unité de la France et s'installèrent à Paris. Peu puissants à l'origine, ils s'imposèrent progressivement à leurs vassaux très indépendants et jouèrent les «rassembleurs de terres». Non sans mal : par le jeu des mariages et des héritages, les Plantagenets faillirent régner sur la moitié de l'Hexagone, alors que le duché de Bourgogne était pratiquement un État autonome, à l'instar du Béarn.

Les Anglais expulsés à l'issue de la guerre de Cent Ans (XIVᵉ-XVᵉ s.), Louis XI dompta ses vassaux rebelles, unit la Bourgogne et l'Anjou à la Couronne. Après le drame des guerres de Religion, Henri IV apporta le Béarn à la France. Les féodaux se rebellèrent pendant la Fronde, mais furent matés par Louis XIV, souverain absolu assisté par de grands ministres. Le règne du Roi-Soleil connut des guerres incessantes, mais la France s'agrandit de la Franche-Comté et d'une partie de la Flandre, s'organisa dans le sens d'une extrême centralisation.

La Révolution brisa la royauté en proclamant la république, mais poursuivit son œuvre centralisatrice. Les rois revinrent sur le trône après le glorieux et tragique intermède du premier Empire (1804-1815). La république fut rétablie après les révoltes de 1848, mais Louis-Napoléon Bonaparte, neveu de Napoléon Iᵉʳ, parvint à se faire proclamer empereur (1852-1870). Depuis l'échec de la Commune (1871), la France n'a plus connu d'autre régime que la république. Elle avait trouvé ses frontières actuelles en 1860, avec l'annexion librement consentie de la Savoie et du comté de Nice.

Histoire
Quelques repères

Lutèce était une modeste bourgade installée sur l'île de la Cité. Les Romains imposèrent leur urbanisation, et la ville déborda sur la rive gauche (thermes de l'hôtel de Cluny, arènes). Elle prit le nom de Paris au IIIᵉ ou au IVᵉ siècle, devint la capitale du Royaume franc au début du VIᵉ siècle, puis connut de nombreuses vicissitudes jusqu'à la fin du Xᵉ siècle, où Hugues Capet y établit la résidence royale.

Paris évolua considérablement sous le règne de Philippe Auguste (XIIᵉ-XIIIᵉ s.), se couvrit d'églises et de monuments, connut la célébrité grâce à son université. Henri IV fut un des grands urbanisateurs de la ville, qui grandit en repoussant à plusieurs reprises ses murailles devenues trop exiguës. La campagne ne cessa de reculer devant les lotissements pendant le XVIIIᵉ et le XIXᵉ siècle. À la fin du premier Empire, Paris comptait 700000 habitants et plus de 1000 rues. Sous le second Empire, le baron Haussmann, grand urbaniste et grand destructeur, créa de larges voies. Paris engloba les villages de la périphérie, étendit son influence sur les départements voisins.

Occupée en juin 1940, la ville fut libérée en août 1944. Elle s'est métamorphosée depuis les années 60 avec de grandes opérations immobilières, la création du boulevard périphérique, de la voie sur berges et du R.E.R., l'inauguration de l'ensemble Centre Pompidou-Beaubourg et le remodelage du quartier central des anciennes Halles.

Paris

Capitale parfois accusée de despotisme, Paris est à elle seule un département, le «75» des plaques d'immatriculation et du code postal. La plus grande commune de France ! Tête et cœur de l'Hexagone, métropole dévorante, musée vivant, la cité glorieuse et laborieuse inspire mille poèmes sans se laisser résumer en formules lapidaires. Écrin moderne d'une ville ancienne où jaillit le béton d'aujourd'hui, l'anneau du périphérique enferme plusieurs Paris, changeant de visage avec les heures et les saisons. À l'inventaire figurent des églises et des musées par dizaines, les tours d'hier et de demain, les monuments de l'Ancien Régime et le Centre Pompidou, des quartiers nobles, bourgeois ou populeux, de grandes artères embouteillées, des rues-marchés et des squares désuets. La cité tentaculaire est officiellement découpée en vingt arrondissements, mais les Parisiens se sentent peu concernés par les pointillés administratifs. Ils vivent ou travaillent dans autant de villes, voire de grands villages, qu'il y a de quartiers. Ceux-ci, malgré les mutations et le brassage de la vie actuelle, gardent leurs particularismes, leur vocation : ne pas confondre Montmartre et Pigalle, le Quartier latin et Saint-Germain-des-Prés, l'Opéra et le Palais-Royal, Auteuil et Passy !

La plus belle avenue de Paris reste l'ample boucle de la Seine, franchie par trente-quatre ponts et passerelles dont les noms chantent : pont Marie lancé au XVIIᵉ siècle ; pont de la Tournelle veillé par la statue de sainte Geneviève, protectrice de la cité ; pont d'Arcole portant non pas le nom d'une ville d'Italie, mais celui d'un jeune insurgé de 1830 ; pont au Change évoquant les orfèvres et changeurs du XIVᵉ siècle ; Pont-Neuf dont Henri III posa la première pierre ; somptueux Pont-Royal construit par Jacques Gabriel d'après les plans de Hardouin-Mansart ; métallique pont Mirabeau qui inspira Apollinaire ; et les antiquaires, les bouquinistes, les marchands d'oiseaux, le marché aux fleurs... La litanie des ponts et des quais rappelle l'étroit mariage de la capitale avec le fleuve dont elle naquit.

Lutèce,
une île dans les bras
de la Seine

La Seine figure sur les armes de Paris, qui portent la nef des nautes et des bateliers d'antan. Elle embrasse deux îles jumelées dont une, la Cité, fut le berceau de la capitale. La ville a grossi concentriquement autour de l'ovale de Lutèce, le noyau originel (les vestiges des anciennes enceintes, les boulevards extérieurs, le périphérique et même les banlieues « en couronne » se développent comme les stries d'un tronc coupé). Jadis animée par une batellerie active, la Seine déroule maintenant son tapis d'eau brune sous les lourdes péniches, les convois poussés et les bateaux-mouches. Longée par d'utilitaires voies sur berges, polluée, elle garde cependant un charme intense et se revivifie chaque printemps en reflétant un ciel bleu tendre. La « grande rue entre Paris, Rouen et le Havre » (Napoléon III) a toujours rendez-vous avec les bouquinistes, les pêcheurs obstinés et les couples d'amoureux, la tour Eiffel, les Tuileries, le Louvre, l'Institut, la Conciergerie et Notre-Dame. On ne saurait découvrir Paris sans flâner sur les quais appartenant encore aux rêveurs, sans s'attarder à la proue et à la poupe des îles, sur le pont de la Concorde commandant une admirable perspective.

Avant d'appartenir à un quartier, les Parisiens sont de la « rive droite », affairée et commerçante, ou de l'intellectuelle « rive gauche ». Ils appartiennent ensuite à l'Ouest résidentiel ou à l'Est populaire, plus rarement au Centre, où prolifèrent sièges de sociétés, bureaux, magasins, cinémas et salles de spectacle : vivant et embouteillé le jour, par endroits mort la nuit, le grand ovale du Paris des affaires et du shopping se dépeuple quand les vitrines s'éteignent. Vastes et enchevêtrés, ou réduits aux dimensions d'une bourgade, les quartiers sont entrés les uns après les autres dans l'histoire de la capitale. Certains sont de « très vieux Parisiens », tels le Quartier latin, et le Châtelet ; plusieurs naquirent des lotissements des XVIIe, XVIIIe et XIXe siècles : le Marais, le Palais-Royal, l'île Saint-Louis, l'Observatoire, les Gobelins, les Champs-Élysées, l'Étoile, les Ternes... D'autres sont d'anciens villages pris dans

▲
Le Pont-Neuf — qui est paradoxalement le plus vieux pont de Paris — franchit la Seine en traversant l'île de la Cité, que les Gaulois appelaient Lutèce.
Phot. P. Tétrel

la toile d'araignée de la ville expansionniste : les années 1860 virent l'annexion de Vaugirard, de Grenelle, de Belleville, de La Villette, de Montmartre, d'Auteuil et de Passy, qui gardent un parfum provincial en dépit des embouteillages et des coulées de béton.

La Seine et les larges boulevards ouverts sous le second Empire tracent des itinéraires dans un tissu urbain dense, oxygéné par de grands parcs et des jardins (parc Monceau, Buttes-Chaumont et Tuileries sur la rive droite, Luxembourg et parc Montsouris sur la rive gauche, bois de Boulogne et bois de Vincennes encadrant l'agglomération). Il est cependant difficile d'établir un plan de visite. Les fils d'Ariane se nouent et s'embrouillent dans Paris, sinuent de monuments en musées, passent par les grands magasins et les boutiques de luxe, entraînent brutalement des pavés de Montmartre aux néons de Pigalle, des vieilles pierres aux secteurs en mutation. « Paris est un véritable océan, écrivait Balzac. Il s'y rencontrera toujours un lieu vierge, un antre inconnu, des perles, des monstres, quelque chose d'inouï. » Une capitale à découvrir sans hâte...

Notre-Dame, paroisse de l'histoire de France

Le Paris monumental est pratiquement enfermé dans les limites de l'enceinte des Fermiers-Généraux (1784-1791), dont il reste quelques rotondes et pavillons d'octroi. Amarrée à la ville par ses ponts, l'île de la Cité est écrasée par les lourdes constructions du XIXe siècle. La Sainte-Chapelle demeure emprisonnée dans l'énorme Palais de Justice, un

◄
Important vestige de l'ancien palais des rois capétiens — l'actuel Palais de Justice de l'île de la Cité —, la Conciergerie devint prison, et des milliers de personnes, dont la reine Marie-Antoinette, y furent enfermées pendant la Révolution.
Phot. Sappa-C. E. D. R. I.

▲
Depuis huit cents ans, Notre-Dame de Paris, «paroisse de l'histoire de France» et chef-d'œuvre de l'art gothique, dresse ses tours carrées au cœur de la capitale.
Phot. R. Mazin

monstre dont la colonnade domine la place Dauphine, mais le nouveau parvis dégage admirablement Notre-Dame. Cathédrale de Paris et « paroisse de l'histoire de France », Notre-Dame fut construite de 1163 à 1330, remaniée au XVIIe siècle, restaurée au XIXe par Viollet-le-Duc. Il est, dans le monde, des édifices plus imposants, plus hauts ou plus richement ornés, mais aucun n'est plus harmonieux que le vaisseau gothique, chef-d'œuvre médiéval dont Claudel disait : « Ce n'est pas seulement un édifice, c'est une personne. » Véritable livre d'histoire, Notre-Dame conserve le souvenir de Saint Louis, qui y apporta les Saintes Reliques ; de Philippe le Bel, qui y entra à cheval ; d'Henri VI d'Angleterre, qui y fut couronné roi de France ; de Bossuet ; de Napoléon et de son sacre. C'est là qu'éclata le *Te Deum* de la victoire en 1945 et qu'eut lieu en 1970 l'hommage officiel au général de Gaulle.

Gardée par les célèbres tours carrées qui font partie des symboles de Paris, Notre-Dame offre extérieurement ses portails aux tympans admirables, le spectacle de ses arcs-boutants hardis et d'un chevet aérien. Bordés d'innombrables chapelles, la nef et les collatéraux baignent dans une douce pénombre où se fond la lumière distillée par trois roses immenses, dont une partie des vitraux date du XIIIe siècle. Les « Grandes Reliques », dont la couronne d'épines acquise par Saint Louis, ne sont visibles que les dimanches de Carême, mais le fabuleux trésor de la cathédrale est exposé dans une sacristie construite par Viollet-le-Duc, splendide musée ouvert au public. Les belles orgues de Cliquot sonnent toujours de leurs six mille tuyaux : chaque dimanche après-midi, les meilleurs organistes jouent Bach, Pachelbel, Liszt et Dupré dans la plus grande salle de concert de France (Notre-Dame peut contenir neuf mille personnes, dont quinze cents dans les tribunes).

La précieuse Sainte-Chapelle est un joyau du XIIIe siècle enchâssé dans un triste écrin. Très belle extérieurement, bien que vue sans recul, l'église élevée sur l'ordre de Saint Louis superpose deux chapelles. Le sanctuaire supérieur est baigné par une lumière éblouissante et irréelle : à dominantes bleue et rouge, les verrières content plus de mille scènes de l'histoire sainte, formant un ensemble d'une verve et d'une variété incomparables.

Interdit aux voitures, un pont relie la Cité à l'aristocratique île Saint-Louis, monde à part, isolé des rumeurs de la ville. Formée par la réunion de deux îlots déserts jusqu'au XVIIe siècle, cette île ne porte pas de monuments illustres, mais les hôtels du XVIIe siècle sont superbes et les quais ont un charme unique.

L'Arc de triomphe, colosse de l'Étoile

La « rive droite » s'étire des vieux villages de Passy et d'Auteuil à ce parc insolite qu'est l'immense cimetière du Père-Lachaise, au populaire faubourg Saint-Antoine, aux abords du fort de Vincennes, forteresse-palais où s'élève une autre Sainte-Chapelle, flamboyante celle-là. Colosse impérial et républicain émergeant du rodéo automobile, l'Arc de triomphe règne sur la place Charles-de-Gaulle, grand carrefour rayonnant que les Parisiens s'obstinent à appeler « l'Étoile ». Commencé à l'initiative de Napoléon Ier, achevé sous Louis-Philippe, le monument à l'arche grandiose est orné, sur ses quatre faces, de hauts-reliefs gigantesques évoquant les victoires de la Première République et de l'Empire. Sous l'énorme édifice, dont la plate-forme supérieure commande une vue

▲

Inspiré de l'Antiquité, l'arc de triomphe du Carrousel s'insère dans la perspective qui, par le jardin des Tuileries, l'obélisque de la Concorde et les Champs-Élysées, va du Louvre à l'arc de triomphe de l'Étoile.
Phot. R. Mazin

▲

*Les parterres des Tuileries et le palais du Louvre qui,
après avoir hébergé les rois de France depuis François Ier jusqu'à Louis XIV, est maintenant un des plus
riches musées du monde.*

Phot. S. Marmounier

admirable, une flamme perpétuelle brûle sur la tombe du Soldat inconnu, victime de la Première Guerre mondiale.

Vers l'ouest, l'Arc de triomphe cadre les sveltes buildings du nouveau quartier d'affaires de la Défense, Manhattan parisien que dessert le R.E.R., supermétro traversant la capitale d'une banlieue à l'autre. À l'est, la célèbre *Marseillaise* sculptée par Rude fait face à la perspective de la « plus belle avenue du monde » : les Champs-Élysées. Filant d'un trait sur près de 2 km, l'avenue est bordée, dans sa partie haute, de cinémas, de cafés à terrasses, de vitrines luxueuses et de galeries marchandes ; puis elle traverse les jardins où joua Proust enfant. Cachant des édifices isolés sous leur verdure, ces jardins n'ont guère changé depuis la construction du Grand et du Petit Palais, monuments dont l'ampleur et la décoration chargée sont typiques de la Belle Époque. Voie à grande circulation entre deux larges trottoirs-parkings, les Champs-Élysées gardent leur fière allure malgré le flot incessant des voitures. L'avenue, qui prolongea progressivement une allée tracée par Le Nôtre en 1667, demeure un symbole de luxe et de parisianisme. Elle est cependant devenue plus austère avec l'implantation de fabricants d'automobiles, de compagnies d'aviation, de grands établissements bancaires, d'immeubles de bureaux. Le *Lido* et le *Fouquet's* ont encore pignon sur avenue, mais le *Claridge* a sombré (c'était le seul grand hôtel des « Champs »), et bien des boutiques ont disparu.

Aujourd'hui, la rue du « vrai luxe » est le faubourg Saint-Honoré, où les vitrines des antiquaires, des grands couturiers et des coiffeurs vedettes voisinent avec le palais de l'Élysée, luxueuse demeure du XVIIIe siècle où la marquise de Pompadour, favorite de Louis XV, précéda les présidents de la République.

Après s'être mis au vert, les Champs-Élysées aboutissent à la place de la Concorde, la plus grande de Paris, où l'obélisque offert par l'Égypte s'élève à la croisée de deux perspectives admirables. D'une somptueuse rigueur, la place fut « mise en scène » entre 1757 et 1775 d'après les plans de Jacques-Ange Gabriel. Deux édifices du XVIIIe siècle, aux hautes colonnades, encadrent la rue Royale (celle de *Maxim's*), au fond de laquelle se dresse une façade de temple grec : l'église de la Madeleine, construite au XIXe siècle. Le souci de la symétrie voulut que, de l'autre côté de la Seine, une colonnade corinthienne fut plaquée devant le Palais-Bourbon, édifice composite abritant la Chambre des députés.

Le jardin des Tuileries, dont les terrasses portent le pavillon du Jeu de paume et le pavillon de l'Orangerie, étire ses allées et ses parterres, semés d'innombrables statues, entre la Concorde et l'arc de triomphe du Carrousel, élevé en 1806-1808. Au parc à la française redessiné par Le Nôtre en 1664 succèdent des pelouses ornées de statues de Maillol, puis l'immense palais du Louvre, monument historique et musée-univers.

Le Louvre, puzzle d'architecture

L'interminable palais marqué des monogrammes de plusieurs souverains présente une apparente unité, mais n'est fait que de rajouts et de juxtapositions. Un véritable puzzle, dont la construction, maintes fois reprise, s'éternisa durant des siècles (la cour Carrée fut commencée sous Henri II, la galerie du Bord de l'Eau date de Catherine de Médicis, la colonnade, de Louis XIV, les ailes encadrant la place du Carrousel, de Napoléon Ier et Napoléon III). Seul l'Ermitage de Léningrad égale en éclectisme ce musée-dédale, dont les fabuleuses collections évoquent toutes les époques et toutes les civilisations dans quelque 225 galeries, salles et cabinets : le palais héberge la *Vénus de Milo*, la *Victoire de Samothrace* et la *Joconde*, réunit Rembrandt, Rubens et le Tintoret, expose les joyaux de la Couronne, au milieu desquels resplendit le *Régent*, diamant des Indes de 137 carats. Le musée du Louvre retrace toute l'histoire de l'art, depuis l'Ancien Empire égyptien jusqu'à Delacroix, à Corot, à Courbet et à Carpeaux.

Œuvre de Perrault, l'imposante colonnade du Louvre écrase un peu Saint-Germain-l'Auxerrois, église composite, construite dans l'élan du gothique et marquée par divers styles. Le flanc nord du palais borde la rue de Rivoli, grand axe tracé à partir de 1804, dont les arcades s'interrompent pour laisser voir le Palais-Royal, merveilleux ensemble du XVIIIe siècle auquel la Comédie-Française semble greffée : les galeries mystérieuses et le grand jardin calme forment une enclave hors du temps, peuplée d'innombrables fantômes. À deux pas,

◄
Temple de la musique et de la danse, l'Opéra de Paris, édifié par l'architecte Garnier, est le monument le plus original que nous ait légué le second Empire.
Phot. de Sazo-Rapho

la circulation gronde dans l'avenue de l'Opéra, voie commerçante particulièrement appréciée des touristes japonais. Elle cadre une énorme pâtisserie, l'Opéra de Charles Garnier. « Aucun style... Ce n'est ni grec ni romain ! », s'était exclamée l'impératrice Eugénie en découvrant l'un des plus vastes théâtres du monde. « C'est du Napoléon III, Votre Majesté », avait répondu l'architecte...

Les quais aux arbres penchés flirtent longuement avec la façade sud du Louvre, s'animent avec les oiselleries et les magasins vendant chiens, chats et singes, longent la place du Châtelet à l'angle de laquelle s'élève l'insolite tour Saint-Jacques, clocher flamboyant ayant perdu son église. Vient ensuite la place de l'Hôtel-de-Ville, l'ancienne place de Grève où se déroulaient les exécutions capitales.

▲
Premier ensemble monumental de Paris, la place des Vosges fut construite de 1605 à 1612 sur l'ordre d'Henri IV : des maisons à arcades, en pierre de taille et en brique, encadrent un paisible jardin.
Phot. Pictor-Aarons

De « Beaubourg » au Marais

Une perspective laisse entrevoir le Centre Pompidou, plus familièrement appelé « Beaubourg », contrastant violemment avec les vieux quartiers qui l'entourent. Les habitants du quadrilatère Châtelet-Halles-Rambuteau-Saint-Merri virent surgir avec stupeur un fantastique agencement de poutrelles, de tubes et de tringles, colorié en bleu roi et en rouge tomate. L'énorme carcasse futuriste choqua, et l'on parla du « monstre de Pompidou » (le président fut l'initiateur du centre qui porte son nom), d'un « supermarché de l'art moderne ». Mais Beaubourg achevé suscita la curiosité, attirant autant de visiteurs que les monuments les plus vénérables... Paris assimile le « Centre » comme

▶

Le XVIIᵉ s. fit du Marais un quartier à la mode : grands seigneurs et courtisans construisirent de luxueux hôtels particuliers, d'un style très classique, comme l'hôtel Le Peletier, annexe du musée Carnavalet.
Phot. J. Bottin

il a assimilé la tour Eiffel ! Les Parisiens et les milliers d'étrangers apprécient d'être piétons-rois sur l'ancien carré Beaubourg métamorphosé, envahissent le plus grand musée d'art contemporain du monde, les galeries d'exposition, l'immense bibliothèque. Pièce-charnière de l'aménagement du centre parisien, le « monstre » est relié au nouvel ensemble des Halles, quartier moderne élevé au-dessus d'une immense gare souterraine (R. E. R., métro, interconnection avec les lignes S. N. C. F.).

Reconstruit dans le style Renaissance au XIXe siècle, l'Hôtel de Ville cache la façade classique de l'église Saint-Gervais-Saint-Protais : là, commence le Marais, secteur classé le plus important de France. À la fois noble et populaire, sauvé *in extremis* d'une totale dégradation par une rénovation de grande ampleur, le

Marais est un véritable musée de l'architecture civile du XVIIe siècle, où surgissent cent demeures de toute beauté. La place des Vosges, vaste ensemble monumental édifié sur l'ordre d'Henri IV, est le cœur du quartier construit sur une zone jadis marécageuse, comme le rappelle son nom. Merveille d'harmonie dans son uniformité, la place des Vosges fut le fief de la société précieuse sous l'Ancien Régime. Mme de Sévigné y naquit et habita à deux pas de là, dans un chef-d'œuvre de la Renaissance, remanié au XVIIe siècle par François Mansart : l'hôtel Carnavalet (il abrite maintenant un remarquable musée retraçant l'histoire de Paris, d'Henri II à nos jours).

À la lisière du Marais, un génie de la Liberté équilibriste est perché sur la grêle colonne de Juillet, souvenir de la révolution de Juillet 1830,

au centre d'un grand rond-point qui évoque une autre révolution et un autre mois de juillet : la place de la Bastille, où se dressait jadis la forteresse-prison investie par la foule le 14 juillet 1789 et aussitôt rasée.

Montmartre, la Tour Eiffel et le Boul'Mich

À l'écart, la butte Montmartre veille sur Paris. C'est le socle du Sacré-Cœur : l'étrange basilique romano-byzantine, dont le dôme offre le plus beau panorama sur la région parisienne, fut élevée au point culminant de la capitale à partir de 1876. Village-belvédère envahi par les

◀

Des fontaines à l'italienne, un obélisque venu d'Égypte, des façades à colonnades encadrant la rue Royale et l'église de la Madeleine font de la Concorde la place la plus spectaculaire de Paris.
Phot. Gabanou-Pictor-Aarons

▲

Vus du pont Alexandre-III, les majestueux bâtiments de l'hôtel des Invalides paraissent couronnés par le dôme de l'église où reposent les cendres de Napoléon Ier.
Phot.Charbonnier-Top

▶

Au sommet de la butte Montmartre, les populaires coupoles blanches de la basilique du Sacré-Cœur dominent les parasols de la pittoresque place du Tertre.
Phot. P. Tétrel

déroulent de folkloriques vendanges. Surpeuplée en été, la place du Tertre réapparaît dans tout son pittoresque lorsque les mauvais peintres de tableaux-souvenirs se découragent : la Butte devrait s'explorer un beau jour d'hiver, quand les ruelles en pente et les dégringolades d'escaliers sont désertes.

La tour Eiffel bat de loin le Sacré-Cœur quant à l'altitude : la « bergère des nuages » (Apollinaire) mesure 320 m, émetteur de télévision compris. Bâtie par l'ingénieur Eiffel de 1887 à 1889, la tour de fer enchevêtre ses poutrelles face à la terrasse panoramique du palais de Chaillot, immense édifice abritant le musée de la Marine, le musée de l'Homme et le musée des Monuments français. Derrière la tour jadis honnie, aujourd'hui chérie, se dresse la majestueuse École militaire, l'un des grands monuments légués à Paris par le XVIIIe siècle. À l'est, au-delà d'un quartier cossu, la vaste esplanade des Invalides est fermée par les 210 m de la façade harmonieuse et sobre du grandiose hôtel des Invalides, dont jaillit un dôme d'une rare élégance. Ensemble labyrinthique où courent 16 km de corridors, les Invalides furent construits par Libéral Bruant et Hardouin-Mansart au cours des années 1670. Jadis hospice pour les victimes de la guerre, les Invalides abritent notamment le musée de l'Armée. Napoléon Ier repose dans l'église du Dôme, dont le chœur est commun avec l'église Saint-Louis, dite « chapelle des Soldats » (plusieurs compagnons de l'Empereur y sont inhumés). À la lisière de l'esplanade, le quartier du faubourg Saint-Germain manque un peu de vie : réunissant une centaine de nobles hôtels du XVIIIe siècle, il appartient aux grands ministères, à la présidence du Conseil et aux ambassades.

L'église Saint-Germain-des-Prés, en partie romane, possède un remarquable clocher-porche, mais celui-ci semble moins intéresser les touristes attablés à la terrasse « stratégique » des *Deux-Magots* que le va-et-vient perpétuel d'une foule jeune et colorée. Jadis quartier bourgeois, Saint-Germain est devenu la « paroisse » des existentialistes et des amateurs de jazz, puis l'un des quartiers les plus vivants de Paris, pôle d'attraction agité toute l'année et centre de la vie nocturne. Si l'on veut flâner tranquillement devant les vitrines des galeries d'art, des antiquaires et des magasins de mode, il faut venir le matin : le quartier du *Flore*, de *Lipp* et de *Castel* ne s'apaise qu'à l'heure d'un petit déjeuner tardif !

Percée au XIXe siècle, la large rue de Rennes aboutissait naguère à la vieille gare Montparnasse, remplacée par un grand ensemble moderne, sur lequel est piquée une tour haute de 200 m, élégante de ligne, mais jurant avec le Paris traditionnel. Le boulevard Saint-Germain unit Saint-Germain-des-Prés au vieux Quartier latin, marqué par huit siècles d'études, de recherches et de contestation. Centrée sur la Sorbonne, la zone universitaire et estudiantine est longée, du Luxembourg à la Seine, par le boulevard Saint-Michel, le cosmopolite « Boul'Mich »… Le Quartier latin englobe le secteur quasi médiéval et maintenant piétonnier de l'église Saint-Séverin, chef-d'œuvre du gothique flamboyant, de Saint-Julien-le-Pauvre, du quartier Maubert, la « Maube » intimement liée au pittoresque quartier Mouffetard, encore hanté par les clochards.

Entourée de banlieues-dortoirs, Paris est une ville où l'on travaille et où l'on se distrait, mais où l'on habite de moins en moins. Siège de l'État, elle héberge les ministères, les ambassades, les administrations, les grosses sociétés. C'est aussi la plus belle vitrine de France. Tous les quartiers, ou presque, possèdent plusieurs boutiques « dans le vent », mais le commerce de luxe et de demi-luxe montre des affinités particulières pour certains secteurs : Champs-Élysées, faubourg Saint-Honoré, avenue de l'Opéra, rue de Sèvres, quartier Saint-Germain-des-Prés et boulevard Saint-Michel.

Paris a le sommeil lourd dans les arrondissements périphériques et les quartiers uniquement voués aux affaires. Le « Gay Paris » fait la fête aux alentours des Champs-Élysées, à Saint-Germain-des-Prés et à Pigalle, et des îlots de lumières subsistent toute la nuit à Montparnasse et dans le quartier Mouffetard.

▲
Le clocher roman de la très ancienne église Saint-Germain-des-Prés s'élève, depuis le Moyen Âge, au centre d'un quartier « où souffle l'esprit ».
Phot. Perno-C. D. Tétrel

touristes, Montmartre joue à la commune indépendante, garde ses rues pavées, ses vieilles maisons et même son arpent de vigne, où se

l'Île-de-France

Nébuleuse en expansion à la lisière de laquelle surgissent des « villes nouvelles » (Évry, Marne-la-Vallée, Cergy-Pontoise), la couronne de Paris mêle H. L. M., tours, pavillons et industries. Cossue à l'ouest, populeuse au nord et à l'est, la banlieue est éclairée par quelques beaux parcs et s'enorgueillit d'un monument célèbre : la basilique de Saint-Denis, prototype des cathédrales gothiques et nécropole des rois. Comme Notre-Dame, l'église élevée par l'abbé Suger menaçait ruine et fut très restaurée par Viollet-le-Duc, qui y travailla durant plus de trente ans. Elle abrite les mausolées des souverains et des reines, recouvre la crypte romane où se trouve le caveau funéraire des Bourbons.

L'agglomération tentaculaire a débordé la basilique dédiée au premier évêque de Lutèce, mais une large bande forestière l'isole toujours, à l'ouest, des deux illustres châteaux de l'actuelle « grande banlieue » : Versailles et Saint-Germain-en-Laye.

Univers à lui seul (une journée ne suffit pas à la visite complète du château et du domaine), le palais Grand Siècle de Versailles conte l'histoire du règne de Louis XIV et de ses successeurs, Louis XV et Louis XVI. La « maison des rois », où vécurent princes, seigneurs et courtisans, symbolise la puissance et l'égocentrisme du Roi-Soleil : ce fabuleux château fut la capitale de la France, les grands ministères y siégeant à proximité des appartements royaux. Élevé par Le Vau et surtout par Hardouin-Mansart, décoré par Le Brun, le palais de Versailles développe une interminable façade devant les jeux d'eau, le Grand Canal et l'immense parc savamment dessinés par un jardinier de génie, Le Nôtre. C'est un labyrinthe de grands et petits appartements, de salons, de couloirs, d'escaliers majestueux ou dérobés. Les milliers de touristes qui s'y pressent chaque année semblent n'avoir d'yeux que pour la galerie des Glaces, parfait exemple de splendeur louis-quatorzième, la chambre du Roi et celle de la Reine, admirablement restituées, mais le château comprend aussi un Opéra raffiné, œuvre de Gabriel, une bien jolie chapelle et de précieux « cabinets ». Louis-Philippe, au

prix de quelques mutilations, transforma le château en un musée dédié « À toutes les gloires de la France ».

Le château-musée commande un vaste domaine de verdure, comprenant plusieurs parcs. Ses plus beaux satellites sont le Grand et le Petit Trianon, et un hameau d'opérette, dernier caprice de la reine Marie-Antoinette, que le peuple avait surnommée « Madame Déficit » avant de la conduire à la guillotine. Devant les grilles du palais se dressent les Grandes et Petites Écuries, à la lisière d'une ville discrète, riche de beaux hôtels et de deux églises intéressantes, Notre-Dame et la cathédrale Saint-Louis.

Si Versailles fut sa grande œuvre, Louis XIV n'en resta pas moins attaché au château de Saint-Germain, où il était né et où il avait été élevé. Louis VI le Gros, Saint Louis, François Ier et Henri IV avaient agrandi et embelli la vieille résidence royale bâtie à l'orée d'une forêt giboyeuse, au bord d'un plateau dominant la vallée de la Seine ; le Roi-Soleil lui ajouta cinq pavillons, œuvre de Hardouin-Mansart. Partiellement ruiné, le château subit une restauration importante lorsque Napoléon III décida

◄

Fortement critiquée lors de sa construction, à la fin du siècle dernier, la tour Eiffel est devenue le symbole de Paris. (Au premier plan, les jeux d'eau des jardins du Trocadéro.)
Phot. Mayer-Magnum

▲

Cédant à l'engouement de l'époque pour le retour à la nature, la reine Marie-Antoinette fit construire le Hameau de Trianon : elle y jouait à la bergère à deux pas des fastes de Versailles.
Phot. Sigurd-Arepi

d'y installer le musée des Antiquités nationales, et retrouva l'aspect Renaissance qu'il avait sous François Ier. Entre Versailles et Saint-Germain, le château de la Malmaison n'a rien de grandiose sur le plan architectural. Il doit sa célébrité au souvenir de Napoléon Ier et de Joséphine, qui l'habitèrent. Créé au début du siècle, un important musée évoque le couple impérial et les années glorieuses de l'Empire.

Le cœur de la France

L'agglomération parisienne, dont le tissu se relâche à la périphérie, lance des pseudopodes vers les cités qui l'entourent, devenues pour la plupart des villes-dortoirs. Elle est située au centre de l'Île-de-France, qui constitua avec l'Orléanais le noyau du premier domaine royal, auquel s'agglutinèrent les provinces conquises l'une après l'autre. Entre Normandie et Champagne, le Bassin parisien est une région pleine de douceur, d'équilibre, où règne une diversité sans contrastes nets. L'Île-de-France mêle grandes forêts et immenses champs de céréales, bosquets et cultures maraîchères, plateaux et vallons. Usines, entrepôts et centrales thermiques entourent Paris, jalonnent la Seine en amont et en aval. Aux paysages industriels répondent des campagnes intactes sur de grandes étendues, semées de manoirs, de châteaux, de villages entourés de résidences secondaires, de vieilles

▲
Créateur du jardin «à la française», Le Nôtre contribua à la gloire du Roi-Soleil en dotant le château de Versailles d'un parc digne de lui. (Bassin de Latone, Tapis vert, bassin d'Apollon et Grand Canal.)
Phot. Barbey-Magnum

▲

*Triomphe de l'art classique, l'immense façade occiden-
tale du château de Versailles se déploie sur les jardins,
l'avant-corps qui abrite la fameuse galerie des Glaces
se reflétant dans les bassins des parterres d'eau.*

villes gardant leur personnalité face à la capitale dévorante. Les grands édifices ne se comptent pas : au sud-ouest, les châteaux de Vaux-le-Vicomte et de Fontainebleau ; au nord et au nord-est, ceux d'Écouen (où vient d'être installé un musée de la Renaissance), de Chantilly, de Pierrefonds et de Compiègne, et les cathédrales de Senlis et Beauvais ; au sud-ouest, Rambouillet et surtout Chartres, deux flèches dressées sur l'horizon des blés, un poème de lumière et de sculpture.

Vaux-le-Vicomte, dont les jardins préfigurèrent ceux de Versailles, fut la folie du surintendant Fouquet, homme politique enivré de sa puissance. Le château élevé par Le Vau et décoré par Le Brun éblouit le jeune Louis XIV, qui s'agaça bientôt de tant de splendeur. « Soleil » ne supportant pas d'autres astres, il prit à son service les constructeurs de Vaux et ouvrit le procès de Fouquet, bientôt condamné à la prison.

Deux boucles de la Seine, une des plus belles forêts de la région parisienne, et c'est Fontainebleau : une petite ville calme cernée par les arbres, un château-palais somptueux devant un parc éclairé par l'étang des Carpes, des bassins, des cascades et un grand canal. La résidence royale que Napoléon surnomma « la maison des siècles » s'articule autour de plusieurs cours dans une certaine anarchie. Ce manque d'unité reflète les différentes étapes de la construction : un manoir de Louis VI Le Gros fut le noyau de l'ensemble, agrandi ou réaménagé par François Ier, Henri II, Henri IV, Louis XIII, Louis XIV et leurs successeurs. Extérieurement sobre, accessible par un monumental escalier en fer à cheval, le château comporte une suite de grands et de petits appartements d'un luxe extraordinaire. Trois heures suffisent à peine pour visiter ce dédale de galeries, de salons et de chambres, la chapelle rebâtie par Philibert Delorme, les musées... La forêt au sol sableux, aux chaos de grès et aux rochers escarpés (les alpinistes s'y entraînent) est étonnamment

variée, coupée de landes à bruyère. Surtout peuplée de chênes, de hêtres, de bouleaux et de pins, elle s'étend sur quelque 25 000 ha et est sillonnée de sentiers balisés. Les rois y chassèrent, les artistes de l'école de Barbizon la firent entrer dans l'histoire de l'art, à l'aube de l'impressionnisme.

Un suicide historique

Deux grandes églises veillent sur le nord de l'Île-de-France. À Beauvais, la cathédrale Saint-Pierre a miraculeusement échappé aux bombardements de 1940. Merveille gothique inachevée, elle ne possède pas de nef, seulement un transept et un chœur, mais d'une hauteur prodigieuse. Paisible, charmante et vieillotte, la petite ville de Senlis est dominée par l'ancienne cathédrale commencée en 1153, édifice composite dont les tours furent visées en vain par les artilleurs allemands en 1914. À proximité subsistent les vestiges d'un château royal et les traces de l'enceinte gallo-romaine.

Joyau d'un écrin de forêt, posé sur un miroir d'eau, le délicieux château de Chantilly surgit dans un vaste et beau parc selon Le Nôtre, que jouxte l'hippodrome où se courent les prix de Diane et du Jockey-Club (splendides écuries du XVIIIe s.). Le Grand Condé mit toute sa passion à embellir le château Renaissance qui avait fait l'admiration de Charles Quint et d'Henri IV. Il y reçut Louis XIV et la Cour en 1671 : 5 000 personnes, pour lesquelles soixante tables immenses furent dressées, quasiment en permanence, pendant trois jours. Responsable des cuisines, Vatel se suicida lorsque rôtis et poissons vinrent à manquer, entrant ainsi dans l'histoire gastronomique de la France... Rasé en partie par la Révolution, rebâti par le duc d'Aumale, le château abrite un très riche et très éclectique musée, réunissant notamment des peintures du XVIe au XIXe siècle.

▲
Château de Fontainebleau : la cour du Cheval-Blanc, entre la grille de Napoléon Ier et l'escalier du Fer-à-Cheval, est appelée «cour des Adieux» depuis que l'Empereur y prit congé de sa vieille garde avant de partir pour l'île d'Elbe.
Phot. Garanger-Sipa-Press

▶
Louis XIV acheta le château Renaissance de Maintenon pour sa favorite, la veuve du poète Scarron, qu'il fit ensuite marquise de Maintenon et épousa en secret.
Phot. Berne-Fotogram

Au nord-est de Chantilly, la forêt de Compiègne cache la clairière où les Alliés signèrent avec les Allemands l'armistice du 11 novembre 1918. Les futaies de hêtres et de chênes séparent Compiègne, ville historique sur l'Oise, de l'éperon portant le château de Pierrefonds, étonnante reconstitution d'un château féodal (l'ancienne forteresse était totalement ruinée lorsque Napoléon III chargea Viollet-le-Duc de la relever). Tous les rois aimèrent chasser près de Compiègne, mais le vieux château parut bien inconfortable à Louis XIV : « À Versailles, je suis logé en roi, à Fontainebleau en prince, à Compiègne en paysan ! » Il fit agrandir le château, mais Louis XV voulut mieux et commanda à Jacques, puis à Jacques-Ange Gabriel un véritable palais, terminé sous le règne de Louis XVI. Compiègne, dont les appartements

▲
La somptuosité du château de Vaux-le-Vicomte et de son grand parc, première création importante de Le Nôtre, ne porta pas bonheur à son propriétaire, le surintendant des Finances Fouquet : il fut emprisonné par Louis XIV, qui fit confisquer tous ses biens.
Phot. Desjardins-Top

sont meublés, séduisit Napoléon III. C'est là que l'empereur demanda à Mérimée d'égayer la Cour, un jour gris : l'écrivain composa sa célèbre dictée aux cent difficultés (l'impératrice fit plus de soixante fautes !). Aujourd'hui, le château abrite un riche musée de la Voiture.

Le sanctuaire dans les blés

L'autoroute file droit vers Chartres, s'en détournant seulement lorsqu'apparaissent les flèches illustres, l'une romane et sobre, l'autre flamboyante. Cité aux vieilles rues pittoresques, Chartres est la seule ville importante de la Beauce aux horizons de blé, grenier de la France « plus ras que la plus rase table » (Péguy). Visible

à 20 km, la cathédrale monte la garde au-dessus d'un quartier ancien aux voies étroites et pentues. Géante et légère, Notre-Dame est un fantastique poème de pierre, dont on ignore qui fut le maître d'œuvre. Un incendie ayant détruit l'église antérieure, dont subsistent quelques éléments, l'édifice actuel fut élevé d'un seul élan, en vingt-cinq ans : cela explique son unité presque parfaite, son incomparable pureté.

« Acropole de la France » selon Rodin, à cause de son rayonnement spirituel, la majestueuse cathédrale de Chartres conserve des trésors romans, tels le portail Royal et le clocher Vieux, admirablement intégrés à l'ensemble ogival. La nef, d'une largeur inhabituelle, est baignée d'une lumière d'un bleu extraordinaire par les incomparables verrières des XIIe et XIIIe siècles. Le vaste chœur est séparé du déambulatoire par un mur orné à profusion de sculptures, véritable dentelle de pierre évoquant l'histoire sainte, la vie du Christ et celle de la Vierge. Accolée à l'abside, en étage, la chapelle Saint-Piat abrite le trésor de la cathédrale, sous laquelle s'étend la plus importante crypte de France (elle mesure 110 m de long et fut construite au XIe siècle).

l'Orléanais

L'Orléanais fut l'un des premiers apanages de la couronne capétienne au cœur de la France, à la lisière du pays chartrain et de la Beauce. Cette plate région où se coude la Loire capricieuse porte la plus étendue des forêts françaises, mêlant taillis et futaies. Elle est prolongée, outre-fleuve, par la mystérieuse et austère Sologne, grande réserve de chasse égayée par la bruyère et le genêt, éclairée par d'innombrables étangs.

Cruellement blessée par la dernière guerre, Orléans a cependant conservé quelques vieilles demeures et sa curieuse cathédrale, édifice anachronique, construit aux XVIIe et XVIIIe siècles dans le style gothique et orné de somptueuses boiseries. La maison dite « de Jeanne d'Arc » fut rebâtie, après la Libération, avec les matériaux anciens : Orléans ne peut oublier la Pucelle, qui la délivra, en 1429, des Anglais qui l'assiégeaient. Depuis 1430, Jeanne est célébrée chaque année par des défilés et des cavalcades, les 7 et 8 mai ■   Jacques-Louis DELPAL

20

▲
Son harmonieuse simplicité fait considérer Notre-Dame-de-la-Belle-Verrière comme le joyau du prestigieux ensemble de vitraux du XIIIe s. qui illumine la cathédrale de Chartres.
Phot. P. Tétrel

▲
À l'horizon des immenses champs de blé qui couvrent la Beauce pointent les tours effilées de la cathédrale de Chartres.
Phot. Berne-Fotogram

la Normandie

Vert le bocage, vertes les larges prairies, verts les vergers... La Normandie couleur d'espoir juxtapose une infinité de petits pays, enferme des terroirs bien différents dans le pointillé administratif de ses cinq départements : Seine-Maritime, Eure, Calvados, Manche et Orne. L'herbe grasse et l'élevage règnent presque partout, les pommiers font souvent partie du paysage, mais on chercherait vainement l'unité dans cette région modelée par l'histoire. Devant son nom aux farouches « Hommes du Nord », les pirates scandinaves qui s'y fixèrent et s'y assagirent après avoir terrorisé l'Europe du haut Moyen Âge, l'ancien duché appartient au Massif armoricain et au Bassin parisien, présente à la mer des falaises changeantes, mille-feuilles de silex et de craie blanche à l'est, durs blocs granitiques à l'ouest.

Les maisons à colombage et toit de chaume passent pour typiques, mais elles ne marquent que certains paysages, notamment ceux de la vallée d'Auge. Ailleurs, elles font place aux longues fermes surnommées « courmasures » (pays de Caux), aux solides demeures de schiste et de granite (Cotentin), aux sages maisons de brique. Le vert insolent ou tendre serait le seul commun dénominateur s'il n'y avait la pluie, que l'on dit incessante... même lorsqu'il ne pleut pas.

Tout amoureux de la Normandie chérit secrètement le doux crachin, les averses capricieuses, les ondées nettoyant le ciel. Fine, rarement froide, la pluie fait luire les toits d'ardoises, fouette les fronts de mer quand le vent s'en mêle, entretient l'opulente verdure d'une région où un mois de sécheresse apparaît comme un événement. Cela ne dérange guère les habitués de Deauville et les familiers des plages populaires : « Il suffit de s'équiper... » Bottes et suroît donc, mais aussi maillot de bain. Bien que la Manche, dont les amples marées font alterner sur les grèves baigneurs, pêcheurs de crevettes et ramasseurs de coquillages, fasse frissonner les inconditionnels du bronzage méditerranéen, le climat vivifiant n'a rien de redoutable, ignorant aussi bien les canicules torrides que le gel persistant.

▲
Le château de Saint-Germain-de-Livet, près de Lisieux, est typiquement normand avec ses grands toits, ses pans de bois et ses damiers de pierre et de brique.
Phot. R. Mazin

Les clochers
des villes martyres

Pays d'agglomérations moyennes, de gros bourgs agricoles et de villages noyés dans la verdure, la Normandie ne compte que quatre grandes villes, victimes de guerre durement touchées par les bombardements du dernier conflit mondial : Le Havre, deuxième port de France, presque entièrement reconstruit selon les plans rigoureux et austères d'Auguste Perret ; Rouen, cité-musée dont l'admirable cathédrale faillit sombrer sous un déluge de feu ; Caen, où les vieilles églises veillèrent des champs de ruines ; Cherbourg, cruellement endommagée à la Libération.

Préfecture de la Seine-Maritime, important port fluvial rallié par les navires de haute mer, ville industrielle bénéficiant de la relative proximité de Paris, Rouen passe pour la capitale de la Normandie. Prise et reprise par les Anglais au Moyen Âge, la cité qui vit s'élever le bûcher de Jeanne d'Arc en 1431 faillit perdre pendant la guerre son admirable cathédrale gothique, si

bien peinte par Monet, et son palais de justice, chef-d'œuvre du XVIe siècle, quand elle fut écrasée par les bombes. Bien qu'elle soit maintenant cernée de quartiers modernes sans grand caractère, Rouen garde un charme intense avec son cœur ancien hérissé de clochers, ses rues piétonnières, ses églises joyaux et son Gros-Horloge, pavillon Renaissance flanqué d'un beffroi féodal.

Hardie, somptueuse, mêlant tous les styles gothiques, la cathédrale domine la ville natale de Pierre Corneille, de Fontenelle et de Gustave Flaubert. Restauré après la guerre, rendu au culte en 1956 seulement, l'immense vaisseau a conservé sa façade grandiose, sa célèbre et flamboyante tour de Beurre, son portail des

▲
Rouen : derrière le pavillon Renaissance du Gros-Horloge, flanqué d'un sévère beffroi gothique, la flamboyante tour de Beurre, clocher de la cathédrale.
Phot. R. Mazin

Libraires, extraordinaire exposition permanente de sculpture médiévale, le portail de la Calende. À l'intérieur, le tombeau des cardinaux d'Amboise, élevé au XVIe siècle dans la chapelle de la Vierge, est une grande œuvre de la Renaissance. Face à la cathédrale, la pittoresque rue du Gros-Horloge semble un décor de film historique avec ses pavés et ses belles maisons à pan de bois. Au cœur de Rouen, elle conduit à la place du Vieux-Marché, où Jeanne d'Arc fut brûlée vive.

Embrassée par l'Orne et l'Odon, port fluvial relié à la mer par un canal de 14 km, Caen a encore plus souffert de la guerre que Rouen. Abominablement meurtrie par les bombardements ininterrompus de 1944, la grande ville universitaire et industrielle de Basse-Normandie a été reconstruite avec une certaine harmonie. L'« Athènes normande », si fière de son passé intellectuel, a restauré son château, énorme forteresse fondée par Guillaume le Conquérant, puissant bastion des Anglais lorsqu'ils occupaient le pays (il abrite deux musées). La providence a voulu que l'illustre abbaye aux Hommes (Saint-Étienne), les églises Saint-Pierre, Saint-Julien et Saint-Nicolas, et l'abbaye aux Dames (la Trinité) ne soient pas ruinées : Caen offre le curieux spectacle d'une cité moderne d'où jaillissent des clochers anciens.

Caen flirte avec le rustique pays d'Auge, séduisante contrée du camembert, du cidre et du calvados, avec l'humide et plat Bessin, avec le bocage normand aux prairies closes de haies. Le littoral est tout proche, avec ses plages interminablement découvertes à marée basse, ses ports de pêche et de plaisance : chaque dimanche d'été, les Caennais désertent leur ville pour la Côte de Nacre.

La Normandie des falaises et des plages

Du Tréport au Mont-Saint-Michel, la Normandie est mariée avec la mer. À l'est du Havre, le plateau calcaire du pays de Caux se brise net au-dessus des flots, en blanches falaises taraudées par la Manche et ourlées d'éboulis. À quelques kilomètres de Fécamp, premier port français de pêche à la morue, la vieille station

balnéaire d'Étretat étire sa plage de galets entre deux avancées du mur crayeux, d'où se détache la célèbre Aiguille. Franchie par le pont de Tancarville (et bientôt par celui de Normandie), sous lequel passent les plus gros cargos, la Seine échancre la côte de son large estuaire. Aux raffineries et au paysage industriel du Havre répondent, sur la rive gauche, les vieilles maisons couvertes d'ardoises du plus pittoresque des ports : Honfleur, rendez-vous des peintres et des écrivains du XIXe siècle.

Fausses jumelles n'entendant pas être confondues, Deauville et Trouville sont séparées par la Touques, petite rivière que gonfle la marée. Les deux grandes stations de la Côte Fleurie ont chacune leur casino et leurs « planches », trottoir en bordure de mer où la promenade, qu'il pleuve ou qu'il vente, tient du rituel. Rivalisant avec Cannes et Biarritz, bénéficiant de liaisons rapides avec Paris (train, autoroute), Deauville est une cité balnéaire dont bien des habitués semblent ignorer l'immense plage, semée de tentes colorées dont l'ouverture est plus souvent tournée vers les « planches » que vers la mer. Lancée par le duc de Morny pendant le second Empire, brillamment relancée par Eugène Cornuché après la Grande Guerre, la station aux somptueuses villas et au clair casino, qui réunit ce qu'il est convenu d'appeler le Tout-Paris et le gotha international, est submergée en été par les badauds du week-end et les vacanciers des plages plus modestes, venus « pour voir ». Les habitués aisés de Deauville prennent parfois la mer, histoire de sortir leur bateau d'un nouveau port mal assorti au paysage, se baignent prudemment dans la superbe et ultra-moderne piscine couverte, font leur *paseo* apéritif sur les « planches ». La plupart sont obsédés par les deux activités vedette de Deauville : les courses et le jeu. Combien d'entre eux ont gagné Lisieux, ville de sainte Thérèse, se sont aventurés dans le proche et ravissant pays d'Auge ?

Toutes dotées de plages immenses à marée basse et parfois bien réduites lorsque la mer monte, les stations balnéaires se succèdent presque sans interruption de l'estuaire de la Seine au Cotentin. Les unes sont plutôt populaires, comme Blonville-Bénerville, Villers-sur-Mer, Riva-Bella ou Luc-sur-Mer ; d'autres présentent une physionomie bourgeoise avec de grandes villas cossues. Cabourg, cité tracée au

◀
Construit sous Louis XIV, le Vieux Bassin d'Honfleur est entouré de hautes et étroites maisons, revêtues d'ardoises qui les abritent du crachin normand.
Phot. R. Mazin

▲
Striées de silex, percées de portes naturelles, les falaises crayeuses d'Étretat protègent le doux pays de Caux des colères de la Manche.
Phot. R. Mazin

cordeau, garde le souvenir de Marcel Proust, qui séjournait au Grand Hôtel, toujours existant, l'un des rares palaces de la côte normande, où, sauf à Deauville, les immenses vaisseaux du tourisme de luxe ont sombré et ont été débités en appartements.

Ouistreham et Courseulles — « capitale » normande des huîtres — se sont dotées d'importants ports de plaisance, tout bruissants lorsque le vent secoue les agrès d'innombrables bateaux : ici, la voile l'emporte de très loin sur le motonautisme. Arromanches, Omaha Beach et la plupart des stations de la Côte de Nacre se souviennent d'un épisode terrifiant de la dernière guerre mondiale, le débarquement meurtrier de juin 1944. Les cimetières aux interminables rangées de croix blanches témoignent de l'extrême violence des combats. Tels des cétacés échoués, bousculés par les tempêtes, des caissons émergent encore devant Arromanches : le port artificiel construit par les Alliés vit passer quelque 2 500 000 hommes et 500 000 véhicules.

Les trois flèches de la belle cathédrale de Bayeux signalent de loin la capitale du Bessin, vieille ville possédant la plus ancienne bande dessinée du monde, trésor incomparable : la Telle du Conquest, dite « tapisserie de la Reine Mathilde », une immense broderie, réalisée à la fin du XIe siècle, qui conte, en cinquante-huit épisodes légendés et parfois cocasses, l'épopée du Normand Guillaume le Conquérant, qui se rendit maître de l'Angleterre par la victoire d'Hastings (1066).

Presqu'île étirant ses bocages et ses amples vallonnements très avant dans la Manche, le Cotentin forme un monde à part, sans attractions spectaculaires, mais infiniment séduisant (le petit val de Saire est un jardin délirant). L'intérieur mêle bois, champs clos, chemins creux et hauteurs panoramiques ; le littoral est jalonné de stations balnéaires. La côte ouest a un charme insolite avec ses plages infinies piquées de bouchots (pieux auxquels s'accrochent les moules), ses dunes énormes sur lesquelles frisonne une herbe rare. Toujours craint des navigateurs, le cap de la Hague offre des paysages d'une sauvage grandeur.

Dans une ample baie ensablée, une prodigieuse silhouette solitaire se dresse sur un socle rocheux, aux confins de la Bretagne : pyramide de vieilles maisons serrées autour d'une ancienne abbaye et tassées par des remparts, le Mont-Saint-Michel lance vers le ciel une flèche aigue, portant la statue de l'archange. Un ensemble pittoresque et de toute beauté, une incomparable curiosité architecturale ! Merveille du Moyen Âge, place forte convoitée par les Anglais pendant la guerre de Cent Ans, but de pèlerinages et attraction touristique majeure, le Mont-Saint-Michel est entouré de sables et de prés salés où broutent les moutons. La baie, encore envahie par les eaux lors des spectaculaires grandes marées, s'est asséchée progressivement, le paysage perdant de sa beauté avec le recul de la mer (on a réussi à arrêter la progression des polders, mais la « remise en eau » nécessitera d'importants travaux).

▲
Sentinelle de la foi, l'abbaye du Mont-Saint-Michel,
perchée sur son piton de roc, se défendit victorieusement
contre les invasions normandes, puis contre les Anglais
lors de la guerre de Cent Ans.
Phot. Garanger-Sipa-Press

la Bretagne

Proue de l'Europe, défiant l'immensité atlantique, attaquée de flanc par les lames rageuses de la Manche, la Bretagne aux rivages tourmentés est un exemple d'unité dans la diversité, un pays à forte personnalité et à multiples visages. Très indépendante, profondément originale, cette vaste province ne s'est jamais fondue totalement dans le creuset national. « Nous joignons le duché de Bretagne avec le royaume de France, perpétuellement, de sorte qu'ils ne puissent être séparés... » Plus de quatre siècles après la proclamation de l'édit d'Union par François Ier, les Bretons demeurent attachés à leurs particularismes, à une vieille langue celtique toujours vivante, quoique inégalement et différemment parlée selon les sous-régions : enseignée à l'université après avoir été honnie par les instituteurs, elle inspire les bardes qui chantent la Bretagne de toujours sur les rythmes d'aujourd'hui.

Le pays des mystérieux mégalithes, dolmens et menhirs dressés longtemps avant l'arrivée des Celtes, se souvient de ses druides et de ses saints, de ses ducs et de sa duchesse Anne — qui épousa successivement deux rois de France et leur fit promettre de respecter la liberté de sa patrie —, de ses chouans révoltés par la centralisation sans merci de la Révolution. Laissée pour compte lors des grands bouleversements du XIXe siècle, amère de voir ses enfants émigrer, relativement pauvre, la Bretagne est actuellement un pays en mutation, qui accepte d'offrir à ses visiteurs plages, églises et calvaires historiés, mais refuse de n'être qu'une réserve pour touristes. Fini le temps de Bécassine ! Parfois agitée de colères, la Bretagne réclame le désenclavement, les moyens de se développer économiquement et le respect de sa personnalité ; elle connaît une véritable renaissance culturelle et ressuscite le plus authentique folklore.

Caricaturée sottement ou louée avec un lyrisme excessif, la Bretagne ne se laisse pas emprisonner dans les formules toutes faites. Les types humains y diffèrent plus qu'on ne l'imagine, les quatre grands dialectes bretons y voisinent avec des formes patoisantes du français, l'Armor (la côte) semble détachée de l'Arcoat (l'intérieur). Le pays des hivers doux, des printemps précoces et des étés tièdes a des couleurs particulières et un ciel bien à lui, mais il est très compartimenté. « Cent paroisses, cent églises », dit un proverbe reflétant la diversité du grand vaisseau amarré à l'Hexagone. Peuplée de quelque 2 750 000 habitants, la Bretagne officielle réunit les départements du Finistère, du Morbihan, des Côtes-du-Nord et de l'Ille-et-Vilaine, mais la Loire-Atlantique (996 000 habitants) a toujours fait partie de la Bretagne traditionnelle, et le Vannetais, le pays Bigouden, le Trégor, le Léon, la Brière et bien d'autres « îlots » continuent de se singulariser. Il est autant de Bretagne que de coiffes et de calvaires...

▲
Il y a quatre ou cinq mille ans, bien avant l'arrivée des Gaulois, des hommes alignèrent à Carnac des milliers de menhirs, dont la destination est encore mystérieuse.
Phot. Chapman-Fotogram

L'Arcoat des landes
et des bois

L'Arcoat vert et doré des landes et des bois mêle prés cernés de haies et vallonnements, monts et plateaux. Semée d'étangs et de châteaux, parcourue de chemins creux, la forêt de Paimpont est hantée par les héros légendaires de la Bretagne, les chevaliers de la Table ronde, Viviane, l'enchanteur Merlin. Le lieu où se réunissent des « druides » arrivés en voiture est contigu à l'immense camp militaire de Coëtquidan-Saint-Cyr où grondent les blindés.

Quelque peu dégradée, partiellement reconstituée en pinèdes, la forêt s'avance jusqu'à une vingtaine de kilomètres de Rennes, la capitale de la Bretagne, qui perdit son caractère médiéval avec le dévorant incendie de 1720. Cette ville intellectuelle, universitaire et administrative s'enorgueillit d'un bel ensemble classique (place du Palais et ancien Parlement), d'un hôtel de ville baroque et de quelques très vieilles demeures, ainsi que du remarquable musée de Bretagne (la meilleure des introductions à la province multiple) et d'un riche musée des Beaux-Arts (peintures, faïences).

L'Arcoat, ce sont aussi les landes du Ménez-Hom et de Lanvaux, le grand lac de Guerlédan et les gorges du Blavet, les Montagnes Noires, les solitaires et rocailleux monts d'Arrée où éclate le jaune des genêts, des ajoncs, du colza. L'Arrée aux solides maisons de schiste sombre, souvent isolée dans le brouillard, est particulièrement pluvieuse : barrière entre le Léon et la Cornouaille, elle dresse ses collines mélancoliques devant l'Atlantique et accroche les nuages. Le parc naturel régional d'Armorique englobe les monts d'Arrée, mais aussi l'embouchure de l'Aulne, le nez de la presqu'île de Crozon et l'île d'Ouessant aux côtes semées d'écueils.

◄

Ancienne cité de corsaires, la ville close de Saint-Malo a gardé son enceinte de remparts et les tours ventrues de sa Grande Porte, mais la plupart des maisons ont été reconstruites après la dernière guerre.
Phot. A. Gaël

▲

À Ploumanac'h, les rochers de la Côte de Granite rose, curieusement façonnés par l'érosion.
Phot. Picou-Fotogram

Une côte
aux mille détours

Très découpé, battu par les vagues et le vent, l'admirable littoral breton est cisaillé par de minces rias et de larges estuaires soumis au rythme des marées ; des baies, des golfes et mille criques bien protégées l'échancrent. Jalonnée d'importantes stations balnéaires et de modestes lieux de vacances, de petits ports d'échouage et de grands ports de pêche où se pressent des bateaux colorés, la côte bretonne déploie ses zigzags des abords du Mont-Saint-Michel à l'embouchure de la Loire.

Enfermée dans ses remparts, la ville close de Saint-Malo, reconstruite après les bombardements de 1944, monte la garde au nord-est,

Histoire
Quelques repères

Hérissée de menhirs et de dolmens au néolithique, la future Bretagne se peupla, au VIᵉ siècle av. J.-C., de Celtes, qui la baptisèrent Armor (« Pays de la mer »). Elle se romanisa à partir de 56 av. J.-C. Venues de Grande-Bretagne, des populations bretonnes abordèrent l'Armorique vers 460, l'immigration d'outre-Manche se poursuivant pendant deux siècles. En 799, la Bretagne fut soumise par Charlemagne, qui fit duc le comte vannetais Nominoë. Celui-ci se libéra bientôt de la souveraineté franque : la Bretagne devint une principauté très indépendante au milieu du IXᵉ siècle. Le duc François II (1458-1488) pactisa avec les adversaires de Louis XI ; sa fille, Anne de Bretagne, épousa Charles VIII, puis son successeur, Louis XII, mais resta la souveraine d'un duché dont elle avait fait confirmer les libertés. Sa fille, Claude de France, épousa François Iᵉʳ, qui publia l'édit d'Union en 1532 : la Bretagne devint alors une province de France. « Jacquerie religieuse », la chouannerie souleva le sud du pays pendant la Révolution.

▲
Création originale de l'art religieux breton, l'enclos paroissial (ici, celui de Guimiliau) réunit un minuscule cimetière, l'église, une chapelle-ossuaire et un calvaire souvent orné de nombreuses statues de facture naïve.
Phot. S. Marmounier

avec sa célèbre tour Quiquengrogne, son donjon, sa cathédrale restaurée. Ancien port de corsaires, patrie de Jacques Cartier, de Duguay-Trouin, de Surcouf, de Chateaubriand (inhumé sur l'îlot du Grand-Bé) et de Lammenais, Saint-Malo ne forme qu'une commune avec Saint-Servan et Paramé, station dont la promenade sur digue est assaillie par la mer lors des grandes marées d'équinoxe.

L'embouchure de la Rance sépare Saint-Malo de Dinard, grand centre de villégiature de la Côte d'Émeraude. Une route directe emprunte le barrage d'une usine électrique marémotrice, mais il est préférable de contourner l'entaille profonde du fleuve pour découvrir Dinan, ville fortifiée d'une grande richesse, charmante et pittoresque. Sur une table rocheuse commandant l'orée de l'estuaire, la cité, défendue par un énorme donjon, conserve des rues d'un autre âge, un haut beffroi dont l'horloge date de 1498, une flamboyante église Saint-Malo et l'église Saint-Sauveur, marquée par les divers styles qui se développèrent entre le XIIᵉ et le XVIᵉ siècle.

Bloquée entre deux vallons en retrait de la mer, la vieille ville de Saint-Brieuc est veillée par une cathédrale-forteresse des XIIᵉ et XIIIᵉ siècles. Paimpol, qui fut le port des pêcheurs d'Islande et des fines goélettes armées pour de longues campagnes, se niche dans un repli de la côte, près de l'Arcouest et l'île fleurie de Bréhat, interdite aux voitures. À Perros-Guirec, grande station de la Bretagne du Nord, le granite déchiqueté devient rose et flamboie au crépuscule. Entre les blocs évoquant des silhouettes fantastiques et des châteaux ruinés s'encastrent des ports minuscules, de petites plages, des villégiatures familiales. Au pays du Trégor succède celui du Léon, avec Saint-Pol groupant ses vieilles maisons autour de son ancienne cathédrale ; avec Roscoff, son clocher Renaissance et ses ports ; avec une campagne fertile exportant artichauts, oignons, choux-fleurs et pommes de terre (le climat très doux favorise la culture des primeurs). Ancrée à quelques minutes de bateau de Roscoff, l'île de Batz semble être le paravent du port où accostent les car-ferries de Plymouth.

Après l'Aber-Wrac'h, « estuaire de la Sorcière », aux paysages d'une exceptionnelle beauté, la côte chaotique se replie devant l'immensité océane : battue par les vents « d'à-bas », voici la fin des terres, le Finistère aux légendes innombrables. Île des tempêtes ceinturée de courants, « île de l'épouvante », souvent noyée dans les brumes de la mer d'Iroise,

Ouessant est un bastion de granite et de schiste entouré d'écueils redoutables : « Qui voit Ouessant voit son sang... » 2 000 îliens s'accrochent encore à ce gros caillou maintenant presque inculte, élevant de petits moutons noirs et blancs, ramassant le goémon.

Au sud de la grande échancrure marine du Finistère, l'île de Sein apparaît moins grandiose. Ce radeau désolé, que l'Atlantique faillit submerger à maintes reprises, est encore peuplé de pêcheurs affrontant les écueils et les courants. Entre la pointe du Raz et celle du Van, une anse sauvage du cap Sizun a été baptisée « baie des Trépassés » !

La base navale
et la ville engloutie

Pilonnée impitoyablement par les avions alliés visant la base navale, Brest est aujourd'hui une grande ville moderne, aux avenues amples, aux places larges et aux jardins fleuris. Elle domine une rade au goulet étroit, mer fermée dont la marine nationale a fait son fief (base navale, arsenal). Douarnenez, capitale de la Cornouaille avant Quimper, semble répondre à Brest par-delà la pointe portant Camaret et Morgat : neuvième port de pêche français, elle abrite une flottille de petits bateaux, de chalutiers, de thoniers, au fond d'une baie dans laquelle se serait engloutie, par la faute d'une princesse désobéissante, la légendaire ville d'Ys.

Signalée de loin par les flèches d'une cathédrale dont la construction traîna pendant plusieurs siècles, Quimper est une vieille ville de granite sur l'Odet, rivière descendue des Montagnes Noires, dont l'estuaire ressemble à un fjord. C'est le grand carrefour d'excursions du Finistère sud, vers Pont-l'Abbé, vers Bénodet, vers la ville close et le port aux filets bleus de Concarneau, vers Pont-Aven où flotte le souvenir de Gauguin et du barde chansonnier Théodore Botrel. Lorient (jadis « l'Orient ») hébergea le siège de la Compagnie des Indes. La reconstruction, après la guerre, lui a donné un aspect assez froid : une ville régulière, nette, fonctionnelle, dont le port de pêche est le deuxième de France. Tout autre est l'univers de Sainte-Anne-d'Auray, bourg dans les terres dont le grand pardon de juillet reste le plus important de Bretagne : une « Lourdes » bretonne, dont la basilique recèle un trésor contenant d'innombrables ex-voto.

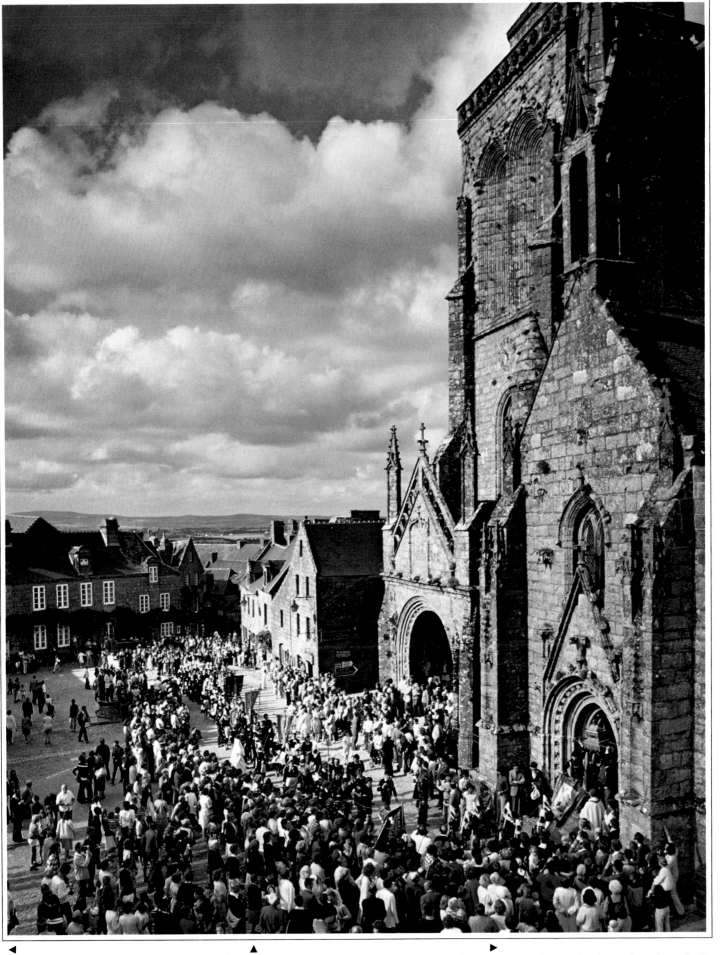

◀ À l'extrémité de la Cornouaille, la pointe du Raz plonge dans l'Atlantique un éperon rocheux aigu, déchiqueté par les vagues et prolongé par des écueils.
Phot. S. Marmounier

▲ Sur la place de Locronan, devant la grande église et la petite chapelle du Pénity, la Troménie, l'un des nombreux pardons où s'exprime la ferveur religieuse de la Bretagne.
Phot. Paskall-C. E. D. R. I.

▶ Rongée par la mer, dont les marées et les accès de fureur l'attaquent inlassablement, la côte du Finistère se creuse de criques et de plages, s'effiloche en promontoires, en îlots et en récifs.
Phot. Lartigue-Rapho

Sur une plate-forme de pierre, au cœur de la Bretagne, Josselin, mi-forteresse, mi-palais, mire ses puissantes tours dans la rivière qui lui servait jadis de douves.
Phot. F. Bouillot-Marco-Polo

Des menhirs
au château des ducs de Bretagne

D'interminables alignements de menhirs, des dolmens, des tumulus... Les prodigieux méga-lithes de Carnac prêtent aux rêveries et sug-gèrent maintes hypothèses : leur mystère n'a pu être résolu de façon probante. Près du bourg orné d'une église Renaissance s'étendent les villas de la station familiale de Carnac-Plage, à laquelle fait suite l'important port de plaisance de La Trinité-sur-Mer.

Ancienne île soudée à la terre, la mince presqu'île de Quiberon sur laquelle se fracas-sent les vagues garde partiellement son aspect sauvage. Trop envahie en été, embouteillée à chaque week-end ensoleillé, elle porte à son extrémité un établissement de thalassothérapie fort connu et un vieux port sardinier annexé par les plaisanciers. On y embarque pour Belle-Île, grande île aux plages minuscules, aux contours capricieux et aux paysages variés : Le Palais, sa petite capitale, est une ancienne place forte dominée par une pittoresque citadelle, et sa Côte sauvage recèle une des merveilles natu-relles de la Bretagne, l'immense grotte de l'Apothicairerie.

Cité ancienne, paisible et pittoresque, fière de sa cathédrale et de ses vénérables maisons ventrues, Vannes se tapit au fond d'un golfe très fermé, abritant une soixantaine d'îlots et le jardin enchanté qu'est l'île aux Moines. Loc-mariaquer et Port-Navalo veillent à l'entrée étroite de la « Petite Mer » (c'est le sens du mot « Morbihan »), nappe d'eau peu profonde, dans un doux pays où croissent lauriers, myrtes, camélias et figuiers. Vannes est une bonne base d'excursions vers l'intérieur : Ploërmel, l'une des plus anciennes cités du duché ; Josselin et son château ; Redon, son église Saint-Sauveur, ses quais sur la Vilaine et le canal. Et aussi Pontivy, vieille cité d'Argoat dont les maisons à pignons se blottissent sous un puissant châ-teau féodal...

Proche du grand port de Saint-Nazaire, de la marécageuse Grande Brière, aux frissonnantes roselières, et de Guérande, joyau de la féodalité en lisière des marais salants, La Baule n'a aucun caractère breton. Précédant de calmes allées bordées de villas, son front de mer moderne s'incurve au long d'une interminable plage de sable fin, l'une des plus belles et des plus sûres de France. La Bretagne devient progressivement ligérienne à partir du pays du muscadet et de Nantes, grande ville en expan-sion, port de mer... sur la Loire (l'ensemble du port autonome groupe Saint-Nazaire, Donges, Paimbœuf, etc.). Enclavée dans le damier d'une périphérie moderne, Nantes garde le château ceinturé de remparts et de douves où résidèrent les ducs de Bretagne (musées), son austère cathédrale, de vénérables demeures et de beaux hôtels, mais la place Royale, d'une harmonieuse sévérité, fut en grande partie reconstruite après les ravages de la dernière guerre.

le Maine

Entre Loire et Normandie, près du Perche aux larges panoramas, Le Mans se situe à la croisée des principaux itinéraires de la France ouest, entre Tours et Alençon, belle cité normande de la dentelle, à mi-chemin de Chartres et de Rennes. Ancienne capitale du comté du Maine, point de ralliement des fanatiques de l'automobile avec ses « 24 heures » de ronde folle, la grande ville subit maints bombardements entre 1940 et 1944, mais la splendide cathédrale romano-gothique et le vieux quartier ceinturé de remparts gallo-romains échappèrent à la destruction.

l'Anjou

Somptueuse avenue d'eau des bateliers d'antan, la Loire irrégulière trace l'itinéraire des châteaux. Son « Val » incomparable, jardin des grands féodaux, fut la capitale de la France lorsque les souverains vagabonds entraînaient d'une résidence à l'autre la cohorte des courtisans, des conseillers et des favorites, brillantes caravanes dont les chariots transportaient coffres, argenterie et tentures... Souvent exsangue, tout amolli de paresse, parfois coléreux, le fleuve semble d'abord attiré par l'Île-de-France, mais il bifurque dans l'Orléanais pour dérouler ses amples méandres vers l'Atlantique. « Boulevard des rois et galerie des chefs-d'œuvre », la Loire caméléon reflète la mouvance du ciel à travers des paysages particulièrement harmonieux, coupés en oblique par des affluents peu pressés. Perdue dans un lit trop large aux périodes de basses eaux, elle enserre d'innombrables îles et des bancs de sable, se perd en bras morts. Il ne faut pas se fier à la belle au Val dormant : sa placidité est trompeuse, car, en période de crue, elle est difficilement contenue par de puissantes levées de terre, souvent longées par les routes.

La Loire impose une certaine unité aux pays qu'elle traverse, pays de mesure, ignorant les contrastes spectaculaires. Au « bout du Val », l'Anjou, frontalier de la Bretagne et du Maine, est une grande région historique, patrie des Plantagenêts qui coiffèrent la couronne d'Angleterre, du bon roi René, également duc de Bar et de Lorraine, comte de Provence et maître théorique du royaume de Naples. L'ancien duché aux limites floues et aux paysages divers assemble forêts, prairies et pépinières, se colore avec les cultures florales, se vêt de vignes vers Savennières, autour du Layon, du côté de Saumur. Il est semé de châteaux et de manoirs (le Plessis-Macé, le Plessis-Bourré, Montgeoffroy, Brissac), de beaux villages de pierre claire.

La capitale, Angers, s'épanouit sur une éminence au bord de la Maine, enfermant dans ses quartiers modernes un noyau ancien du plus grand intérêt (cathédrale gothique, pittoresque maison d'Adam, logis Barrault devenu musée, tour Saint-Aubin). Fièrement campé devant la rivière, le château élevé au XIIIe siècle apparaît, extérieurement, comme une redoutable forteresse, avec ses sombres murailles striées de blanc et ses tours décapitées. Ce rude écrin enferme d'élégants édifices du XVe siècle et la moderne Grande Galerie, où est présentée l'extraordinaire tenture de l'*Apocalypse*, tapisserie du XIVe siècle conservant ses fraîches couleurs. Le « beau tapis » que le roi René offrit à la cathédrale fut dépecé, négligé, mais on a presque entièrement reconstitué le puzzle à fond bleu et rouge, illustrant les divers épisodes de l'Apocalypse selon saint Jean.

Aux marches orientales de l'Anjou, dans un pays de vignes aux falaises taraudées de galeries (chais, champignonnières), Saumur s'étale au pied d'un élégant château du XIVe siècle, qui ressemble toujours à son portrait miniature des *Très Riches Heures du duc de Berry*. Ce bel édifice, qui se profile élégamment sur la pâleur du ciel angevin, abrite un musée des Arts décoratifs et un musée du Cheval : Saumur devint la ville des écuyers en accueillant, avant la Révolution, l'école d'équitation qui donna naissance, en 1825, au Cadre noir. L'église Notre-Dame-de-Nantilly est la plus ancienne de la ville, mais la plus curieuse est Notre-Dame-des-Ardilliers, précédée d'une insolite rotonde coiffée d'un dôme à lanternon.

Non loin de Saumur, Fontevraud-l'Abbaye est située au carrefour de la Touraine, de l'Anjou et du Poitou : fondée à la fin du XIe siècle ou dans les premières années du XIIe, l'abbaye, favorisée par les Plantagenêts qui s'y firent enterrer, fut une véritable cité religieuse mixte, traditionnellement administrée par une abbesse noble, régnant sans partage sur les moines comme sur les nonnes.

Histoire
Quelques repères

L'Anjou a appartenu à une lignée de comtes héréditaires, les Foulques. L'un d'eux, Geoffroy, aimait orner son chapeau d'une branche de genêt ; d'où le surnom de Plantagenêt resté attaché à sa lignée ; il épousa une princesse anglaise, Mathilde. Leur fils, Henri Plantagenêt, après avoir épousé Aliénor d'Aquitaine (qui lui apportait en dot tout le sud-ouest de la France), devint roi d'Angleterre en 1154. Confisqué par Philippe Auguste en 1205, l'Anjou fut donné en apanage, avec le Maine, au fils de Louis VIII, Charles. Celui-ci fut à l'origine d'une seconde maison d'Anjou, à laquelle succéda la dynastie du bon roi René, artiste et mécène. L'Anjou revint à la couronne de France après la mort de ce prince, à la fin du XVe siècle.

▲
À Angers, la Maine baigne le flanc du château féodal, que défendent encore de grosses tours rondes cerclées de blanc.
Phot. Desjeux

la Touraine

«Jardin de la France», «pays de la douceur de vivre», la Touraine aux grandes forêts et aux séduisantes campagnes se déploie de part et d'autre de la Loire, disputant la région de Bourgueil aux Angevins, se fondant doucement dans le Blésois, glissant vers le Berry au long de l'Indre et du Cher. Ce pays fleuri, dont les maisons blanches et les habitations troglodytiques se vêtent de rosiers et de glycines, est riche de villes et de bourgs remarquables, de châteaux célèbres et de manoirs innombrables.

Ville-carrefour installée au large entre Loir et Cher, commandant une importante croisée de routes, Tours ne sortit pas indemne de la dernière guerre. Bourgeoise mais rajeunie par ses étudiants, paisible sans être ennuyeuse, la capitale de la Touraine a conservé sa cathédrale (XIIIᵉ-XVIᵉ s.) et rénové avec quelque audace le vieux quartier pittoresque dont les petites rues portent des noms fleurant le Moyen Âge. Elle possède aussi de beaux musées, et commande les excursions «obligatoires» vers les châteaux merveilleux, vers Chinon où l'on s'attend à rencontrer la Pucelle et les héros de Rabelais, enfant du pays, vers Loches, cité médiévale à triple enceinte, vers Amboise.

Des joyaux de pierre

Entre Tours et Chinon, dont le château ruiné est frôlé par des vignes depuis longtemps célèbres, Azay-le-Rideau apparaît dans un bouquet d'arbres, éclatant de blancheur : ce svelte chef-d'œuvre de la Renaissance tourangelle, baigné par l'Indre, fut comparé par Balzac à un diamant taillé à facettes. Tout proche, Villandry dresse sa silhouette altière devant la broderie géométrique de jardins extraordinaires, patiemment reconstitués tels qu'ils étaient au XVIᵉ siècle. Sur l'autre rive de la Loire, le sévère château de Langeais a été remeublé et tendu de tapisseries splendides : il présentait cette apparence intérieure lorsque Anne de Bretagne y épousa Charles VIII devant l'imposante cheminée du grand salon.

Venu du Berry en sinuant paresseusement dans la verdure, le Cher est enjambé par les six arches du château de Chenonceau, édifice d'une grâce aristocratique, dont fut amoureuse Diane de Poitiers, la maîtresse d'Henri II : elle demanda au grand architecte Philibert Delorme d'agrandir la somptueuse résidence offerte par son royal amant.

Voici Vouvray et Montlouis, dont les vignes à vin blanc se répondent par-delà le fleuve, puis Amboise, vieille cité au nom tendre, tapie sous un palais aux airs de forteresse. Enfermant une chapelle gothique ciselée comme un bijou, ce château aussi élégant qu'imposant fut l'une des premières résidences des rois. Le proche manoir du Clos-Lucé garde le souvenir d'un génie : François Iᵉʳ en avait fait don à Léonard de Vinci, qui songea à maîtriser la Loire avec des barrages et participa peut-être à la construction de Chambord, château vedette du Blésois. La route d'Amboise à Blois fait découvrir un château fort de fantaisie, Chaumont ; veuve d'Henri II, Catherine de Médicis contraignit sa rivale Diane de Poitiers, dont elle souhaitait depuis longtemps se venger, à l'accepter en échange de son cher Chenonceau.

◄

Du haut d'un promontoire, les tours polygonales et les toits d'ardoise du blanc château de Saumur dominent les flots paresseux de la Loire.
Phot. Mayer-Magnum

▲

Chinon s'étale sur la rive droite de la Vienne, au pied d'un coteau couronné par les ruines du château où Jeanne d'Arc vint demander au roi Charles VII une armée pour «bouter l'Anglais hors de France».
Phot. Pujebet-Explorer

Le grand spectacle
de Blois et Chambord

À Blois, un château disparate conte plusieurs siècles d'histoire et d'architecture : ce quadrilatère incomplet, qui enferme une salle des États du XIIIᵉ siècle, fut construit progressivement, François Mansart n'élevant l'aile Gaston d'Orléans qu'au XVIIᵉ siècle. Henri III y fit assassiner dans ses appartements le duc de Guise, tout-puissant chef de la Ligue, qui s'opposait à la Couronne : « Bien taillé, mon fils ; maintenant il faut coudre ! » aurait bougonné la reine mère en apprenant le meurtre... Blois, dont les étagements capricieux enchantèrent Victor Hugo, a relevé intelligemment ses ruines après les bombardements de la dernière guerre : la ville conserve son plan irrégulier, les maisons reconstruites s'assortissant heureusement avec les hôtels anciens, l'ancienne abbatiale et la cathédrale Saint-Louis. Le pont en dos d'âne lancé au XVIIᵉ siècle sur la Loire par Jacques Gabriel invite à visiter le hautain château classique de Cheverny, superbement meublé, et à découvrir Chambord.

Dans un immense domaine clôturé où errent sangliers, biches et cerfs, le plus grand des châteaux de la Loire dresse ses folles arabesques, sa terrasse féerique, hérissée de tou-

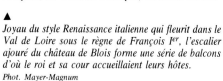

Joyau du style Renaissance italienne qui fleurit dans le Val de Loire sous le règne de François Iᵉʳ, l'escalier ajouré du château de Blois forme une série de balcons d'où le roi et sa cour accueillaient leurs hôtes.
Phot. Mayer-Magnum

▲
*Construit dans le lit même du Cher, le gracieux château
de Chenonceau appartint le plus souvent à des femmes,
parmi lesquelles Diane de Poitiers, Catherine de Médicis
et Louise de Lorraine.*
Phot. Barbey-Magnum

relles, de pignons, de clochetons et de cheminées sculptées. Cet édifice d'une admirable
bizarrerie, dont la construction débuta en 1519,
fut comparé par Chateaubriand à « une femme
dont le vent aurait soufflé en l'air la chevelure »
et décrit par Victor Hugo comme « un palais de
fées et de chevaliers ». Défiant la pesanteur,
quoique trapu à la base, Chambord se prête à
de surprenants inventaires : il possède 440 pièces, un étrange grand escalier à double enroul-
ement, 84 escaliers de moindre importance,
des dizaines et des dizaines de clochetons, de
365 cheminées, de 800 chapiteaux. François Ier y
reçut Charles Quint, Louis XIV y appela Lully,
Molière et sa troupe, et y assista à la création
du *Bourgeois gentilhomme*.

La région boisée de Chambord, où se
dressent aussi les châteaux de Beauregard
(remarquable galerie de portraits), de Villesavin
et d'Herbault, appartient pratiquement à la
Sologne, région de chasse aux multiples étangs.
Plusieurs châteaux escortent la Loire sur la rive
droite, dans cette partie du Blésois qui se fond
doucement avec le Dunois et l'Orléanais. Réaménagé par Mme de Pompadour, le manoir de
Ménars fut agrandi par Gabriel, ami de la
favorite, et achevé par Soufflot. D'une sévère
sobriété, Talcy fut reconstruit au XVIe siècle par
l'homme d'affaires florentin Bernard Salviati,
dont la descendance féminine influença la lit-
térature : Ronsard aima sa fille Cassandre,
Agrippa d'Aubigné brûla d'amour pour sa
petite-fille Diane. De Talcy à Mer, la « route
de la Rose » mérite bien son nom, quelque
10 000 rosiers l'égayant et l'embaumant...

Beaugency, l'une des cités que Jeanne d'Arc
délivra des Anglais lors de sa campagne de
1429, conserve ses vieilles maisons, son pont
de pierre, son ancienne abbatiale, la tour de
César qui inspira à Victor Hugo un décor de

◀
*Édifié en partie sur pilotis, le château d'Azay-le-Rideau,
dans son écrin de verdure, semble flotter sur les eaux
calmes de l'Indre.*
Phot. M. Guillard-Top

▲
*Résidence favorite de François Ier, l'immense château
de Chambord est hérissé d'un foisonnement de lanternons, de lucarnes, de cheminées et de clochetons.*
Phot. Freed-Magnum

Marion Delorme. Élevé par Dunois, le compagnon d'armes de la Pucelle, le château abrite un musée régional d'arts et traditions populaires.

À l'écart du fleuve, au nord du Blésois, le «Gentil Loir» chanté par Ronsard s'attarde à Vendôme, dont l'abbatiale, mariant les styles, déploie la dentelle de pierre blanche d'une façade flamboyante à côté d'un clocher d'une robustesse toute médiévale...

Histoire
Quelques repères

Partie intégrante du domaine des Plantagenets, la Touraine ne fut incorporée définitivement au domaine royal qu'en 1259. De Saint Louis à François Ier, presque tous les rois séjournèrent en Touraine et dans le Blésois (pays de Blois). Louis XI vieillissant fit même du château de Plessis-lès-Tours sa résidence habituelle. Les villes-ponts du Val de Loire ont beaucoup souffert pendant la Seconde Guerre mondiale.

le Berry

Pays de plaines fertiles, de bocages et de vallées discrètes, le Berry, que décrivit si bien George Sand, est parsemé d'églises romanes et de châteaux, dont le plus somptueux est celui de Valençay, résidence de Talleyrand.

Bourges, la capitale (qui fut celle de la France au temps de Charles VII), est une grande ville d'art, dominée par la masse imposante de sa cathédrale, poème de pierre du XIIIe siècle : cinq nefs, cinq portails abondamment sculptés, un chœur à cinq chapelles, un double déambulatoire et d'amirables vitraux à médaillons. La demeure gothique que le financier Jacques Cœur se fit construire au XVe siècle est une des plus belles que nous ait léguées le Moyen Âge, les jardins de l'Archevêché sont attribués à Le Nôtre, les hôtels particuliers édifiés dans le style de la Renaissance rivalisent d'élégance, et de nombreuses maisons anciennes jalonnent les rues de leurs encorbellements ■ Jacques-Louis DELPAL

▲
Le village berrichon de Nohant, popularisé par George Sand qui y passa une grande partie de sa vie, possède une charmante église rustique aux tuiles brunies.
Phot. Fleury-Fotogram

▲
La façade de la cathédrale de Bourges, éclairée par la verrière du Grand Housteau, est percée de cinq portails, dont celui du milieu, consacré au Jugement dernier, est un des sommets de la statuaire gothique.
Phot. Guillot-Top

le Poitou
et les Charentes

La langue d'oïl et la langue d'oc, le Nord et le Midi se mêlent plus qu'ils ne s'affrontent dans la région Poitou-Charentes, pays de transition où s'enlisa la folle conquête arabe (732), où guerroyèrent Anglais et Français, où défilèrent les pèlerins de Compostelle. Touchant à la Vendée secrète, univers de bocages et de canaux dont le front de mer s'arrondit au sud de l'île de Noirmoutier, le seuil du Sud-Ouest étire d'assez plates campagnes vers un Limousin se confondant avec le Périgord vert. Capitale historique du Poitou et grande ville d'art, Poitiers partage son influence avec Angoulême, tête d'un vieux duché, et La Rochelle, port fortifié qui commanda l'Aunis, ancienne province chevauchant les départements de la Charente-Maritime et des Deux-Sèvres.

Accrochée à un promontoire dévalé par des rues en pente raide, Poitiers marie les styles roman et gothique angevin dans sa cathédrale Saint-Pierre, alors que Notre-Dame-la-Grande demeure un pur échantillon d'art roman avec sa façade du XIIᵉ siècle. Rendue célèbre par son université dès le XVᵉ siècle, la cité s'enorgueillit d'autres belles églises, des vestiges de son ancien palais ducal, de ses demeures multiséculaires et du parc de Blossac, terrasse panoramique qui fut aménagée par un intendant du XVIIIᵉ siècle. À Angoulême, également bâtie sur un promontoire, les beaux points de vue sont offerts par la promenade des Remparts; essentiellement du XIIᵉ siècle, la cathédrale expose une extraordinaire collection de statues médiévales sur une façade somptueusement fouillée. Port très indépendant que Vauban fortifia, La Rochelle est la plus attachante cité du littoral avec son bassin d'échouage gardé par deux tours, ses quais animés, sa haute tour de la Lanterne, son hôtel de ville de la fin du XVIᵉ siècle, sa charmante rue des Merciers. Doublée par le port en eau profonde de La Pallice, qui accueille les gros navires, La Rochelle rallie des centaines de chalutiers et de bateaux d'im-

portance moindre : des tonnes de poissons y sont vendus à la criée et expédiés dans toute la France.

Long radeau amarré à La Pallice, la basse île de Ré s'étire à fleur d'eau entre le Pertuis breton et le Pertuis d'Antioche. Malgré l'invasion estivale des touristes, étonnés de voir les Rétaises porter encore leur coiffe ancestrale, la « quichenotte », elle conserve un certain cachet avec ses phares, ses marais salants, ses parcs à huîtres, le bourg d'Ars-en-Ré aux ruelles incroyablement étroites. Deuxième île française après la Corse, Oléron prolonge la Saintonge sous un ciel souvent voilé. Les îliens cultivent les primeurs et des vignes produisant un de ces petits vins oubliés sitôt bus, mais vivent surtout de l'ostréiculture. Ils pêchent d'une manière curieuse, en piégeant les poissons dans des bassins clos, d'où l'eau s'écoule à marée basse à travers des grillages.

Grande station balnéaire au sud de la Vendée, près des marais viviers, Les Sables-d'Olonne étirent un interminable Remblai le long d'une belle plage, de l'entrée du port à la Corniche et au Puits d'Enfer. Face à la pointe de Grave, Royan commande l'estuaire de la Gironde :

▲
À quelques encablures de la côte vendéenne, l'île de Noirmoutier offre des plages ensoleillées, frangées de dunes et ponctuées de moulins ventrus.
Phot. Veiller-Explorer

des plus belles villes de France : alors que surgissaient dans le fracas des bétonneuses les quartiers ultra-contemporains de Mériadec et du Lac, ambitieuses réalisations des années 1970, les ravalements et les travaux de rénovation ressuscitaient l'incomparable ensemble conçu par les intendants royaux du XVIIIe siècle. La cure de jouvence fit réapparaître les centaines de mascarons encrassés par les ans, alors que les façades retrouvaient leur chaude couleur, un fauve très clair, lumineux, sur lequel se détachent les merveilleux balcons repeints en bleu profond. Le vieux «port de la lune» aux quais incurvés prospéra dès l'époque gallo-romaine, s'accommoda fort bien de la domination anglaise (qui favorisa notamment le négoce des vins), préserva ses avantages en revenant — non sans regimber — à la couronne de France. Cette ville active étouffait dans ses remparts, carcan médiéval dont elle se débarrassa à la fin de l'Ancien Régime, faisant en même temps table rase de bien des monuments moyenâgeux et de vestiges romains.

Bordeaux doit beaucoup à Victor Louis, l'architecte du Grand-Théâtre, ainsi qu'au prince archevêque Ferdinand Maximilien Mériadec de Rohan, qui fit construire le palais devenu hôtel de ville. Elle doit plus encore aux intendants de Louis XV et de Louis XVI : tout en tenant la cité d'une main de fer à peine gantée de velours, ils l'ouvrirent sur la Garonne, aménagèrent la «Grande Façade» sur le fleuve, les cours, l'admirable ensemble de la Bourse, des places d'une rare harmonie. Les édiles gémirent maintes fois devant les dépassements de budget, mais les ambitieux représentants du roi surent imposer la fastueuse urbanisation autour de laquelle la ville s'articule toujours. Seul l'ancien quartier qui s'étend entre les églises Saint-Pierre et Saint-Michel a gardé le plan confus du Moyen Âge, derrière les élégants ensembles bordant la Garonne.

Avant tout musée de plein air du XVIIIe siècle, Bordeaux conserve quelques monuments plus anciens : la basilique Saint-Michel et sa tour du XVe siècle, magnifique belvédère sur la cité ; la cathédrale Saint-André, dont la façade touchait jadis aux remparts (les plus belles portes, des XIIIe et XIVe s., s'ouvrent latéralement) ; l'église Saint-Seurin avec un porche et une crypte du

---

ravagée par les bombardements en 1944, cet important centre de villégiature a perdu ses vieux palaces baroques, ses grandes villas, son casino rococo : croissant de 2 km, la plage est maintenant ourlée de béton... La sobre église au clocher élancé, construite dans les années 1950, impressionne par sa sveltesse, mais les toits de tuiles roses réchauffent difficilement cette cité moderne aux amples voies et aux grandes perspectives.

La Charente est le pays des huîtres et du cognac. Le «cougna», comme on dit là-bas, provient de la distillation de vins blancs. Cette eau-de-vie mondialement célèbre depuis deux siècles doit sa grande saveur et son bouquet à son vieillissement dans des fûts en chêne du Limousin. Les «trois étoiles» — qui auraient été inventées par la maison Hennessy au XVIIIe siècle — signifient que l'alcool est âgé d'au moins un an et demi ; les lettres V.S.O.P. (Very Superior Old Pale), qu'il a plus de quatre ans. La ville de Cognac est entourée par les vignes de la Grande Champagne, de la Petite Champagne et des Borderies, mais le vignoble morcelé s'étend beaucoup plus loin, occupant presque entièrement les deux départements charentais, couvrant les environs de Saintes, cité aimable où fleurissent belles églises, façades médiévales et savantes ferronneries.

Histoire
Quelques repères

Les légions de César ont occupé l'Aquitania, «pays des eaux» habité par différents peuples gaulois, et le Sud-Ouest garde de nombreux vestiges de la prospère période gallo-romaine. Rattachée au royaume franc, érigé en royaume autonome par Charlemagne, pour l'un de ses fils, puis duché, l'Aquitaine passa aux Plantagenets en 1152, avec le mariage de la duchesse Aliénor : répudiée par le roi de France, celle-ci épousa en secondes noces Henri II Plantagenêt, prince angevin héritier de la couronne anglaise. L'Aquitaine — ou Guyenne — était plus vaste qu'aujourd'hui, puisqu'elle comprenait le Poitou, le Limousin, le Périgord, l'Agenais, la Gascogne et une partie de la Saintonge. Âprement disputée par l'Angleterre et la France, elle devint définitivement française après la bataille de Castillon (1453). Le Poitou, reconquis par du Guesclin et donné au duc de Berry, avait été rattaché à la Couronne une trentaine d'années auparavant.

l'Aquitaine

Vieille province qui, sous le nom de Guyenne, fut anglaise pendant trois siècles, l'Aquitaine englobait autrefois le Poitou, le Limousin, le Berry, l'Auvergne et la Saintonge. Revenu à la couronne de France après la guerre de Cent Ans, grossi du Béarn longtemps indépendant, ce vaste territoire a pour capitale Bordeaux, riche cité à l'éblouissante parure de pierre claire.

Groupant plus de 640 000 habitants avec ses faubourgs, Bordeaux est la grande ville du Sud-Ouest, l'une des «métropoles d'équilibre» dont on souhaite qu'elles fassent contrepoids à Paris. C'est aussi — cela ne se sait pas assez — l'une

▲
Depuis le Moyen Âge, deux robustes tours, entre lesquelles on tendait jadis une chaîne, gardent le Vieux-Port de La Rochelle, aujourd'hui investi par les plaisanciers.
Phot. S. Marmounier

▶
Dans une «conche» tapissée de lentilles du Marais poitevin, une barque noire de «maraîchin», moyen de transport traditionnel de cette «Venise verte».
Phot. Doisneau-Rapho

▲
Avec sa façade abondamment sculptée, flanquée de faisceaux de colonnes et de lanternons à écailles, Notre-Dame-la-Grande de Poitiers est considérée comme le prototype du style roman poitevin.

Phot. Doisneau-Rapho

XIe siècle ; la porte médiévale de la Grosse-Cloche ; Sainte-Croix, superbe église romane défigurée au XIXe siècle. Le poète latin Ausone chanta les belles places et les maisons luxueuses de sa ville natale, mais Bordeaux est pauvre en vestiges antiques : seules subsistent les ruines du «palais Gallien», grand amphithéâtre du IIIe siècle, mis à mal par les Barbares... et surtout par les vandales que furent les lotisseurs du premier Empire.

Ville aux belles architectures, aux amples perspectives et aux riches musées, Bordeaux est aussi une cité active, doublée d'un port important. Le commerce des vins reste la grande affaire entre Médoc, Saint-Émilionnais, Graves et Sauternais. Si les négociants ont pratiquement abandonné le quai des Chartrons (évoquant une ancienne chartreuse), dont les hautes demeures étaient souvent coiffées d'un petit observatoire permettant de suivre l'arrivée et le départ des navires venus embarquer le vin, ils restent fidèles à la ville dont le nom est devenu «appellation d'origine contrôlée».

Le Médoc et ses châteaux

Longue péninsule d'entre Gironde et Atlantique, le Médoc, ourlé de pins et de plages, est le pays des «châteaux». Essentiellement synonyme d'exploitation viticole — comme «clos» ou «domaine» ailleurs —, le mot «château» ne répond pas forcément à la définition du dictionnaire : il peut s'agir d'une noble résidence du XVIIIe siècle, d'une «folie» aux lignes élégantes, d'un manoir rococo du XIXe siècle ou de quelque pâtisserie sans grand style, comme aussi bien d'une maison toute simple, escortée de chais et de vignes. Les Médocains se sentent tous une âme de châtelains !

Le Médoc des vins, dont les vignes glissent doucement vers la Gironde sans l'atteindre, diffère totalement du Médoc «maritime», dont l'immense pinède est semée de grands lacs et frangée d'une plage sans fin. Mollement ondulé, un peu monotone sous le tendre éclairage noyant les rares contrastes, le Médoc viticole

porte quelques gros bourgs au nom de cru fameux, tels Margaux, Saint-Julien et Saint-Estèphe, ainsi que des dizaines de «châteaux», solitaires dans un creux de verdure ou surveillant leurs vignes d'une éminence. Véritable route des vins, la départementale no 2 fait découvrir — d'emblée ou au prix de brefs crochets — les grandes propriétés dont les noms figurent sur les bouteilles aux épaules renflées dites «bordelaises». Voici château Giscours, superbe propriété de style second Empire dans un grand parc qu'entoure un vignoble admirablement entretenu ; château Palmer, joli manoir d'opérette ; château Margaux et son péristyle ionique ; l'élégant manoir de château Lanessan et son intéressant musée hippomobile ; le noble château de Beychevelle aux lignes basses, édifice Louis XV derrière lequel se cache un typique et minuscule «port» de pêcheurs, simple embarcadère à l'embouchure d'un de ces étroits canaux dans les roseaux qu'on appelle ici des «jalles».

Petite ville, grosse église, Pauillac bascule doucement sur l'estuaire mélancolique, bordé d'une longue promenade. Cette agglomération somnolente s'enorgueillit de compter sur son territoire le plus grand nombre de crus retenus au classement de 1855, glorieux palmarès dont il est toujours fait état. Parmi les grands seigneurs mondialement connus figurent château-latour, dont le bornage n'a pas changé depuis 1860, mouton-rothschild et lafite-rothschild. Après avoir été le fief de la grande bourgeoisie bordelaise et de quelques Britanniques attachés par tradition à cet ancien pays anglais (les plus grands bordeaux se boivent à Londres !), le Médoc attira l'attention des milliardaires... puis celle des dirigeants de «multinationales». Alors que presque tous les châteaux sont groupés avec leurs vignes et leurs chais, il existe à Pauillac un château en pleine ville, le sobre manoir de Grand-Puy-Ducasse : séparé de son exploitation — qui produit un très bon vin —, il regarde la Gironde. Le bâtiment du XVIIIe siècle abrite un petit musée de la viticulture et accueille les réunions de la Commanderie du Bontemps de Médoc, réunissant vignerons, négociants et notables.

Près de Saint-Estèphe, le plus septentrional des bourgs viticoles, le surprenant manoir de Cos-d'Estournel illustre le délire des Médocains d'avant-hier, pour qui la production d'un grand vin allait de pair avec une démonstration architecturale. Ni château, ni folie, ni chartreuse, l'étrange édifice ressemble vaguement à une pagode et lance des clochetons incongrus vers le ciel gris pâle. Copié sur une résidence du sultan de Zanzibar, Cos-d'Estournel fut construit au XIXe siècle par un propriétaire qui échangeait en Orient ses précieuses bouteilles contre des chevaux à demi sauvages (on élève encore des chevaux sur la péninsule médocaine, ainsi que d'excellents agneaux). L'homme de Cos n'était pas le premier grand viticulteur médocain à s'occuper personnellement de la commercialisation à l'étranger ! La petite histoire garde le souvenir du fantaisiste chevalier de Rauzan, parti vendre lui-même son vin aux amateurs londoniens. Les cours se révélant indignes d'un grand cru, il versa un fût par jour dans la Tamise jusqu'à ce que les clients, affolés, proposent le juste prix...

Fort-Médoc a prêté son nom à un cru de Cussac, mais il s'agit d'une forteresse militaire, aménagée par Vauban, et non d'un château viticole. Isolé dans un site magnifique, il veille sur la Gironde avec le fort Paté, bâti sur une île. La formidable citadelle de Blaye, sur l'autre rive, complète le dispositif défensif verrouillant l'accès de Bordeaux. Campée sur un plateau rocheux qu'embrase le crépuscule, elle enferme une véritable petite ville dans sa ceinture de fossés, de murailles et de bastions. De Blaye à la terrasse panoramique de Bourg, la Corniche girondine trace l'un des plus beaux itinéraires du Bordelais, s'accrochant au ras de l'eau ou escaladant les coteaux. Là aussi, on est en pays de vigne, près des régions viticoles de Fronsac, de Pomerol et du Saint-Émilionnais.

Les profondeurs de Saint-Émilion

En retrait de la Dordogne (rivière du Massif central s'unissant à la pyrénéenne Garonne pour former la Gironde), Saint-Émilion est la plus étrange des capitales viticoles. Semi-troglodytique, cette cité claire confond la pierre de taille de ses solides maisons avec la pierre taillée des coteaux taraudés de galeries, creusés de grandes salles souterraines à la voûte desquelles pendent parfois les racines des vignes. Perché au rebord de la falaise, à proximité de l'intéressante collégiale romano-gothique, un haut clocher semble avoir perdu son église. Il se dresse, en réalité, au-dessus d'un fruste et vaste sanctuaire monolithe, dont les trois vaisseaux furent sculptés dans le roc entre le IXe et le XIIe siècle. À côté, une chapelle mutilée surmonte l'obscur ermitage dans lequel vécut saint Émilion et où il mourut en 767.

Dominée par le massif château du Roi, encore corseté de remparts, Saint-Émilion est

◄

L'impeccable alignement du vignoble bordelais.
Phot. Jalain-Top

assiégée par les vignes. Les Romains aimaient le vin du pays ; Ausone, le poète viticulteur, aurait possédé une résidence sur le terroir de Château-Ausone, l'un des « seigneurs » locaux avec les châteaux Figeac, Cheval-Blanc, la Gaffelière, Canon, Pavie et autres crus classés. À la lisière du Saint-Émilionnais, le vignoble de Pomerol produit d'autres grands vins, notamment l'aristocratique château-pétrus.

Entre deux fleuves, l'Entre-deux-Mers

La marée montante renverse le cours de la Dordogne et de la Garonne sur des kilomètres : il n'en a pas fallu plus pour que le triangle de coteaux compris entre les deux cours d'eau s'appelle Entre-deux-Mers. Entre les larges vallées, le pays vallonné où bruissent modestes rivières à moulins et petits ruisseaux se couvre de prairies, de vergers et de plantations de tabac, mais aussi de vignes. Les routes tournantes vagabondent dans une campagne séduisante, conduisent aux ruines extraordinaires de l'ancienne abbatiale de la Sauve, ramènent à la Garonne, que veillent Cadillac, Saint-Macaire, La Réole et, en Agenais, Marmande.

Sur la rive droite, l'ancienne bastide de Cadillac et son château des ducs d'Épernon regardent, comme Saint-Macaire, les vignobles célèbres de la rive gauche, ceux de Barsac et de Sauternes, dont les grands blancs liquoreux sont incomparables. Au pays des vins couleur d'or, on ne verra pas les bandes de vendangeurs s'activer fébrilement pendant quelques jours, puis se disperser à l'issue d'un joyeux banquet ! Les vendanges traînent pendant près de deux mois, les raisins n'étant cueillis, souvent grain par grain, qu'après avoir été attaqués par un champignon microscopique. Ce parasite, dont l'action bénéfique augmente la teneur en sucre, ratatine le fruit et provoque une mystérieuse alchimie. Escorté par d'excellents sauternes et barsacs, tels les Châteaux Sigalas-Rabaud, Climens, Coutet et Rayne-Vigneau, l'opulent et coûteux Château-d'Yquem fait figure de roi : le domaine est entretenu aussi méticuleusement que s'il s'agissait d'un jardin expérimental, et le nom prestigieux n'apparaît jamais sur les bouteilles d'un millésime médiocre. D'origine médiévale, marqué par la Renaissance et le XVIIᵉ siècle, le beau manoir d'Yquem encadre une cour à vieux puits où sont parfois organisés des concerts de musique classique.

Les vignes à l'assaut des pins

Le Sauternais est enclavé dans le vaste terroir viticole des Graves, qui produit des vins blancs et des vins rouges à la lisière de la forêt landaise : les ceps semblent se lancer à l'assaut des pins, un vignoble aussi aristocratique que celui du domaine de Chevalier est cerné par les bois. Les Graves, qui se targuent de porter les plus anciennes vignes de la région bordelaise, doivent leur nom au gravier siliceux des sols où se plaisent les cépages. La longue bande viticole s'étire des abords de Bordeaux à la région de Langon, petite ville où se sont implantés les négociants. Certaines vignes, comme celles de Haut-Brion, de Pape Clément et de la Mission, sont maintenant entourées par la banlieue bordelaise, tentaculaire et confuse. Les Graves

▲

À l'orée des Landes, planté au milieu de larges douves, le château gothique de Labrède, qui vit naître Montesquieu, écrivain de talent et viticulteur gascon.
Phot. S. Marmounier

possèdent des châteaux, viticoles ou non, qui sont dès demeures historiques, tels Olivier, Malle, le médiéval Roquetaillade et surtout Labrède : isolé par la verdure des prairies, des bois et des vignes, serti dans un écrin d'eau, ce gros jouet féodal, remanié du XVe au XVIIIe siècle, fut la propriété d'un magistrat-écrivain-viticulteur, Montesquieu, l'auteur de *l'Esprit des lois*.

Le beau manoir de Château Carbonnieux garde des parties anciennes et produit d'excellents vins. Il est entré dans la petite histoire grâce aux bons moines qui cultivaient ses vignes. Bravant les prescriptions anti-alcooliques de l'islam, ceux-ci parvinrent à exporter leur blanc en Turquie en l'étiquetant « eau minérale de Carbonnieux » ! Sans doute plus goguenard que naïf, un sultan se serait étonné : « Pourquoi prend-on la peine de faire du vin dans un pays où l'eau est si bonne ? »

L'océan de la « pignada »

Immense, faussement monotone, protégeant des sous-bois et des petits cours d'eau secrets, l'interminable forêt landaise encercle le bassin d'Arcachon, déborde largement sur le Médoc, s'approche de Bazas, vieille cité dont la cathédrale gothique ferme une place à arcade de sa façade très ornementée. Forêt de culture faite

▲
L'immense forêt landaise, dont les pins élancés couvrent des centaines de milliers d'hectares, fut plantée au XIXe s. dans une région désertique et insalubre.
Phot. P. Tétrel

pour l'exploitation, la « pignada » a été créée au XIXe siècle. Elle a métamorphosé les landes, jadis malsaines et marécageuses, et élevé son rempart de troncs élancés devant les dunes mouvantes, sans cesse grossies par le sable de l'Océan, difficilement fixées par des plantations d'herbes tenaces. Montagne croulante, une blanche colline de sable bouge encore : la dune du Pilat, haute de 105 m environ, s'étend sur 3 km et continue de progresser vers l'intérieur. C'est la grande curiosité de la région d'Arcachon, importante station balnéaire à l'orée d'un vaste bassin soumis à l'influence des marées,

mer intérieure aux innombrables chenaux bordés de parcs à huîtres.

Prolongeant le littoral médocain, par-delà le bassin d'Arcachon, jusqu'à l'Adour et au Pays basque, la rectiligne plage landaise allonge ses dunes à la lisière de la grande forêt masquant les « airials », clairières où sont établis des hameaux (au cœur du parc régional, un amusant petit train permet de découvrir, près de Sabres, l'exemplaire airial de Marquèze, devenu musée de plein air). Plusieurs stations balnéaires grandissent sur le littoral, sous la surveillance de la « Mission Aquitaine », organisme officiel qui se

charge des grands équipements et contrôle l'urbanisation. À Soulac-sur-Mer, à Montalivet-les-Bains — « Mecque » du naturisme — et à Lacanau-Océan, les stations médocaines, répondent, au sud, Biscarrosse-Plage, Mimizan-Plage, Vieux-Boucau et les jumelles que sont Hossegor et Capbreton.

Les plages, creusées de dépressions-piscines, ou « baïnes », sont rudement battues par l'Océan, dont les lames se prêtent au surf. Interminables, assez désertes en maints endroits pour que les adeptes du bronzage intégral retrouvent la tenue du paradis terrestre, elles

sont attentivement surveillées partout où la baignade est autorisée. Les amateurs de brasse paisible et de régates sans danger fréquentent les grands lacs cernés par les pins. Superbes plans d'eau à peine ridés par la brise légère, ceux-ci communiquent les uns avec les autres par de petits canaux, ou déversent leur trop-plein d'eau dans l'Atlantique par des chenaux enfouis sous la végétation, « courants » au décor ravissant. Le lac d'Hossegor, grande station éparpillée dans une superbe pinède, est soumis au rythme des marées depuis le creusement d'un chenal. Il occupe l'ancien lit du capricieux

Adour, comme le lac artificiel de Vieux-Boucau, creusé et aménagé ces dernières années sous l'égide de la « Mission Aquitaine ».

Aux Landes de la forêt, des airials et du gemmage (récolte de la résine) succèdent d'autres Landes, campagnardes, souriantes, cultivant le maïs, élevant le poulet jaune et la volaille grasse, canards ou oies au foie hypertrophié par le gavage. Il s'agit du pays d'Orthe, la séduisante petite région de Peyrehorade, de Sorde-l'Abbaye, d'Arthous et d'Hastingues; de la Chalosse aux doux vallonnements; du minuscule Tursan où s'accrochent encore les vignes.

▲
Énorme rempart de sable séparant l'Atlantique du moutonnement de la forêt des Landes, la dune du Pilat, près d'Arcachon, est la plus haute d'Europe.
Phot. Peress-Magnum

la France

le Pays basque

Si les Landes sont gasconnes, le Pays basque entend demeurer basque. Une petite «nation» partageant avec le Béarn le département des Pyrénées-Atlantiques et restant fidèle à sa langue mystérieuse, l'*eskuara*, sans parenté avec les autres idiomes européens : au sud de l'Adour, les gens se présentent comme *Eskualdunak* (ou *Euskaldunak*), «ceux qui parlent le basque» et comprennent leurs compatriotes d'outre-frontière (l'Eskual-Herria s'étend sur la France et l'Espagne). Envahisseurs venus d'Espagne au VIIe siècle après J.-C., les Basques sont des Vascons dont l'établissement en pays montagneux sauvegarda le particularisme dialectal alors que dans les plaines du Sud-Ouest les Gascons le perdirent.

Terre de particularisme, le Pays basque a été quelque peu dénaturé par le tourisme sur son littoral, rocheux, constamment agressé par l'Océan. Avec son port coloré, ses vieilles rues et l'église où se maria Louis XIV, Saint-Jean-de-Luz garde son cachet ancien, mais Biarritz apparaît comme une station internationale, où des buildings jaillissent de façon désordonnée au milieu d'étonnantes architectures du second Empire et de la Belle Époque. La cité de vacances offre à l'Océan une plage incurvée qu'agrandit le reflux, un beau promontoire escarpé, l'Atalaye, où sinuent des promenades coupées d'escaliers, et les falaises grises, délitées, de la côte des Basques. Si Biarritz est internationale, Bayonne est mi-basque, mi-gasconne ; habillée de fortifications en étoile par Vauban, la ville étire ses quais au long de l'Adour et est coupée par la petite Nive.

Assez pluvieux, tiède, très vert, le Pays basque français se divise traditionnellement en trois sous-régions d'une infinie séduction : le Labourd côtier, où les blanches maisons à colombage et toit dissymétrique s'intègrent admirablement au décor de ce pays tout bossu ; la Basse-Navarre au relief tourmenté et aux paysages très divers ; la Soule enclavée, essentiellement formée par la vallée d'une petite rivière, le Saison. Aïnhoa, Espelette, Itxassou, Bidarray et bien des villages au nom étrange ont un charme fou, mais le grand but d'excursion, à l'intérieur, reste Saint-Jean-Pied-de-Port, cité historique où les pèlerins de Compostelle faisaient étape avant de franchir le col («port») d'Ibañeta, en direction de Roncevaux.

La plus orientale des provinces basques, et peut-être la plus mal connue, la Soule, aux curieux clochers «trinitaires» à trois clochetons, possède la fraîche, vaste et opulente forêt d'Iraty, où cascade l'eau vive. Tout près, se creuse le spectaculaire canyon de Kakouéta, «Verdon pyrénéen» près duquel se tasse l'église romane de Sainte-Engrâce. La Soule touche au Béarn, à la lisière duquel s'élève l'insolite église de L'Hôpital-Saint-Blaise, sobre édifice du XIIe siècle, à clocher octogonal, où le style mauresque se mêle au roman.

Histoire
Quelques repères

Le Pays basque, le Béarn et le comté de Toulouse ont connu une histoire à part. Peu occupé par les Romains, le premier resta assez autonome sous une domination anglaise partielle, puis sous l'Ancien Régime (la Basse-Navarre, l'une des trois «provinces» du Pays basque, fit partie du royaume indépendant de Navarre); il tint la noblesse à l'écart et s'administra de façon assez démocratique. Le Béarn forma une nation libre, malgré les liens de vassalité de ses princes. Resté neutre pendant la guerre de Cent Ans, il connut son âge d'or au XIVe s. Devenus rois de Navarre à la suite d'un mariage, les vicomtes béarnais perdirent la Navarre d'outre-Pyrénées, annexée par Ferdinand le Catholique, mais restèrent attachés à leur titre. L'un d'eux, Henri d'Albret, devint Henri IV, à l'issue des guerres de Religion : les rois de France purent ainsi se dire rois de Navarre. Réuni de fait à la Couronne par le Vert Galant, le Béarn fut définitivement intégré par son fils, Louis XIII.

Quant au puissant comté de Toulouse, durement secoué par la croisade contre les albigeois au début du XIIIe s., il ne suivit pas le sort de l'Aquitaine, dont Toulouse fut pourtant la capitale à l'époque carolingienne : son intégration au domaine royal date de 1271.

▲
Le port basque de Saint-Jean-de-Luz, entré dans l'histoire le jour où Louis XIV y célébra son mariage avec l'infante d'Espagne, Marie-Thérèse.
Phot. P. Tétrel

▶
Centre de pêche et d'excursions, Saint-Jean-Pied-de-Port est située au pied du col («port») de Roncevaux, où les ancêtres des Basques exterminèrent Roland et ses preux.
Phot. J. Bottin

le Béarn

Pays, ou plutôt royaume d'Henri IV, le Béarn verdoyant associe gaves limpides, montagnes à isards, vallées fermées, collines arrondies et petites plaines, vignes, prairies et forêts. Cette mosaïque de territoires agricoles et pastoraux, désert industriel jusqu'à l'exploitation du gisement de Lacq (qui s'épuise), occupe environ les deux tiers des Pyrénées-Atlantiques. Entre la Bigorre qu'animent les grands pèleri-

nages de Lourdes, cité de la Vierge, l'Armagnac au célèbre alcool, le Tursan, la Chalosse et les hautes cimes des Pyrénées, le Béarn préserve une personnalité forgée au cours des siècles d'indépendance : il ne fut totalement intégré à la Couronne que par Louis XIII, fils d'Henri IV, le souverain béarnais monté sur le trône de France après l'épisode sanglant des guerres de Religion.

Occupant une place à part dans la France occitane et nettement démarqué du Pays basque, s'efforçant de garder son dialecte (une forme de gascon), le Béarn juxtapose des sous-régions bien différentes, mais conserve un type

▲
Naguère hanté par les contrebandiers, aujourd'hui peuplé de paisibles moutons, le col de Burdinkurutcheta sépare la France de l'Espagne au sud-est de Saint-Jean-Pied-de-Port.
Phot. P. Tétrel

d'habitat assez caractéristique, avec ses solides maisons coiffées de toits immenses aux pentes raides. Ayant supplanté Orthez, vieille cité dont le pont à tour enjambe le gave brun-vert, Pau est devenue la capitale du Béarn. Face au panorama sans fin des Pyrénées, cette belle ville entourée de verdure resserre ses maisons anciennes autour d'un château composite, quelque peu abâtardi par les restaurations abusives du XIXe siècle : on y voit une carapace de tortue, berceau légendaire d'Henri IV, des tapisseries et de très beaux meubles ; on y évoque le souvenir du brillant Gaston Phébus, de Marguerite d'Angoulême, poétesse et protectrice des esprits libres, de la calviniste militante que fut Jeanne d'Albret, mère du futur Vert Galant.

À Oloron-Sainte-Marie, l'église Sainte-Croix, le plus ancien sanctuaire roman du Béarn, domine d'une éminence Sainte-Marie, l'ancienne cathédrale au célèbre portail. Constituée par la fusion de deux cités jadis jalouses de leur autonomie, la ville commande l'entrée de la profonde vallée d'Aspe, que suit la route du Somport. À peu près parallèle, l'entaille de la vallée d'Ossau monte vers le col frontière du Pourtalet, cadrant la double aiguille du pic du Midi d'Ossau. Formant jadis une petite république presque autonome et préservant son isolement, cette vallée, chantée par les romantiques, permet d'accéder au glacial lac d'Artouste, plan d'eau enchâssé dans la montagne à 2 000 m d'altitude : un téléphérique assure la correspondance avec un extraordinaire petit train alpiniste, dont la voie étroite domine de vertigineux à-pics.

la Bigorre

Au flanc des Pyrénées, chaîne-frontière dont les hautes vallées enclavées sont encore animées par la transhumance millénaire, la Bigorre, qui forme avec le Pays basque et le Béarn l'ensemble peu homogène que les gens du Sud-Ouest surnomment «les 3 B», est une région pastorale, semée d'enclos à moutons et dominée, très au sud de Bagnères, par les 2 872 m du pic du Midi de Bigorre. C'est un pays montueux et frais, où les gaves cristallins bouillonnent d'alpages en forêts. Au pied de la montagne, Lourdes, cité mariale de réputation universelle, attire des milliers de pèlerins et des millions de visiteurs : sa moderne basilique souterraine peut accueillir 20 000 personnes. Elle doit sa notoriété mondiale à Bernadette Soubirous, fille de meunier à qui la Vierge apparut en 1858, se présentant comme l'Immaculée Conception. Étrange, impressionnant et parfois douloureux spectacle que celui de Lourdes, où d'innombrables touristes s'attardent dans les boutiques de souvenirs, tandis que les malades espérant la guérison prient devant la grotte miraculeuse, dans l'église du Rosaire

▲
« Édifice le plus mystérieux du plus mystérieux des architectes » (Victor Hugo), le cirque de Gavarnie, dont les gradins enneigés sont étagés sur près de 1 500 m de hauteur.
Phot. P. Tétrel

et dans la basilique supérieure tapissée d'ex-voto...

Située à une croisée de routes, Lourdes invite à maintes excursions, vers Tarbes et le plateau du Lannemezan, vers le col d'Aubisque (admirable route panoramique), vers le grandiose cirque de Gavarnie, ses gradins titanesques et ses immenses murailles.

l'Armagnac

Au nord de la Bigorre moutonnent les vertes collines de l'Armagnac : une mosaïque de prés, de vignes et de bosquets, où surgissent de grandes fermes larges et basses. La vieille ville et la cathédrale d'Auch veillent le Gers aux colères redoutables, en plein pays gascon. Cette région aux nombreuses sources thermales, exploitées ou non, s'est trouvé un prestigieux ambassadeur : l'alcool portant son nom. Produit également dans les Landes orientales, vers Villeneuve-de-Marsan et Labastide, l'armagnac est une somptueuse eau-de-vie nécessitant un long vieillissement dans des fûts de chêne blanc : rude et brutal, presque imbuvable lorsqu'il sort de l'alambic, il prend, dans les tonneaux, sa rondeur et sa finesse, acquérant ainsi un bouquet inimitable.

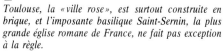
▲
Toulouse, la «ville rose», est surtout construite en brique, et l'imposante basilique Saint-Sernin, la plus grande église romane de France, ne fait pas exception à la règle.
Phot. Sioen-C. E. D. R. I.

▲
*Édifiés sur les rives du Tarn après la sinistre croisade
contre les albigeois, qui noya dans le sang l'hérésie
cathare, la cathédrale-forteresse d'Albi et son palais
épiscopal symbolisent la puissance de l'Église.*
Phot. Sioen-C. E. D. R. I.

Comme plusieurs régions du Sud-Ouest, l'Armagnac est un pays de bastides, villages au plan régulier et aux places à arcades, construits par les rois de France et d'Angleterre alors qu'ils se disputaient l'Aquitaine : c'étaient des centres de colonisation dans des zones peu peuplées, des bastions gardant les mouvantes frontières de l'époque (la plupart des bastides d'origine française se situent au nord de la Dordogne).

À la lisière de l'Armagnac et du Quercy, détachée de l'Aquitaine, la région toulousaine est reliée au Bordelais par une avenue d'eau, la Garonne, mais regarde plutôt vers la Méditerranée : c'est le grand carrefour entre Massif central et Pyrénées. Admirable et vivante cité d'art, Toulouse, où règne la brique, s'engorge de voitures, mais garde son intense séduction. La basilique Saint-Sernin, — la plus belle église romane du Midi —, l'impressionnante église gothique des Jacobins et le très riche musée des Augustins sont ses curiosités majeures, mais nul ne connaît Toulouse s'il ne s'est attardé place Esquirol et dans les petites rues aux maisons médiévales ou Renaissance.

le Quercy

Au nord de Cordes, extraordinaire cité médiévale à quatre enceintes, et de Montauban, vieille ville sur une terrasse commandant le Tarn, s'étend le Quercy, région historique pratiquement confondue avec le département du Lot et frontalière du Périgord. Entre haut et bas Quercy, le Lot enchaîne ses méandres sous les falaises portant des villages d'un autre âge, tel Saint-Cirq-Lapopie, ou des châteaux orgueilleux, comme Mercuès. Rapide, prompt à nouer ses eaux calcaires en tourbillons vite défaits, il enlace Cahors, son vénérable quartier ancien et sa cathédrale, et se glisse sous le pont Valentré, ouvrage militaire du Moyen Âge, à la silhouette sans pareille : la tradition veut que Satan ait

aidé l'architecte à le hérisser de tours et de créneaux.

Le Quercy est un pays de causses, plateaux ondulés et pauvres, coupés de vallées verdoyantes, que parfument ici et là des champs de lavande. Ces causses sont creusés de gouffres dont l'un rivalise, sur le plan de la célébrité touristique, avec Chambord, le Mont-Saint-Michel et Chartres : abîme vertigineux dans

▲
Le Tarn a creusé dans le calcaire des Causses des gorges spectaculaires, tapissées de verdure et hérissées de pitons rocheux.
Phot. S. Chirol

◄
Fondée au Moyen Âge par le comte de Toulouse, la petite citadelle de Cordes, isolée sur une colline des environs d'Albi, possède de nombreuses demeures gothiques et les vestiges d'une quadruple enceinte de remparts.
Phot. Jalain-Top

►
Jadis étape privilégiée des pèlerins de Saint-Jacques-de-Compostelle, l'église de Conques, dont le tympan sculpté et le fabuleux trésor attirent encore de nombreux visiteurs, est située dans un des plus beaux paysages du Rouergue.
Phot. S. Chirol

◄
Aux confins du Quercy, le château de Bonaguil est une forteresse perfectionnée qui n'eut jamais à se défendre, mais que la Révolution démantela.
Phot. S. Chirol

▲
La position stratégique de Saint-Cirq-Lapopie, sur un éperon dominant le Lot, valut à ce village du Quercy d'être assiégé à maintes reprises durant la guerre de Cent Ans et les guerres de Religion.
Phot. S. Marmounier.

lequel plongent quatre ascenseurs, mystérieux univers où l'on navigue sur de plates barques métalliques, Padirac offre à ses visiteurs sa rivière et son port souterrain, ses cascades, ses lacs, sa forêt de concrétions aux teintes opalines. Tout autre, mais également saisissante, est la vision de Rocamadour, ville sainte accrochée à une haute falaise dans laquelle s'incruste un ensemble de sanctuaires, but de grands pèlerinages pendant le Moyen Âge. Sous un château en nid d'aigle fort restauré, Rocamadour la médiévale défie les lois de l'équilibre et semble prête à s'écrouler dans l'Alzou, modeste ruisseau reflétant un site qui paraît encore plus beau magnifié par le soleil du matin.

le Périgord

La Dordogne sinueuse, tour à tour rapide et paresseuse, flirte avec le haut Quercy, puis son val princier dessine l'un des plus beaux itinéraires du Périgord, grande région française dont les limites sont à peu près celles d'un département (la Dordogne, il faut bien se répéter). Le pays des mille manoirs et châteaux, des cavernes préhistoriques, de l'oie grasse et des truffes présente plusieurs visages, mais la couleur de sa végétation lui vaut d'être divisée — avec quelque arbitraire — en Périgord Noir et Sarladais (sud-est) et en Périgord Blanc (nord-ouest), sous-régions auxquelles s'ajoutent le Bergeracois et de menues entités locales.

Puissantes forteresses, châteaux orgueilleux, gentilhommières, citadelles et bastides se sont multipliés dans tout le Périgord, par ailleurs riche en abbayes et en églises. À ces impressionnants souvenirs de l'Ancien Régime, admirablement intégrés aux sites, s'ajoutent ceux de la nuit des temps : les abris et les grottes de la Dordogne et surtout de la Vézère — surnommée « axe de la préhistoire » — content la grande aventure de l'*Homo sapiens*, perfectionnant ses outils, améliorant ses techniques de chasse, découvrant l'art en gravant le tendre calcaire et en ornant de peintures les parois des cavernes. L'histoire du Périgord débute quarante millénaires avant notre époque !

La statue d'un homme primitif veille sur Les Eyzies, capitale de la préhistoire près de laquelle abondent les gisements, les abris protégés par un surplomb de roche, les grottes décorées. Fabuleux musée de l'art pariétal, découvert accidentellement en 1940, la grotte de Lascaux, à Montignac, est maintenant fermée au public : l'afflux des visiteurs provoquait une « maladie verte » qui endommageait les compositions stylisées dont les couleurs avaient conservé leur fraîcheur...

À Sarlat, ce sont le Moyen Âge, la Renaissance et l'époque classique qui revivent avec les maisons aux pignons aigus, les façades médiévales, les arcades, les passages, une église d'architecture hétéroclite. La ville entière s'offre en spectacle, animée le samedi par un amusant marché... Aux environs, des dizaines de châteaux et de manoirs s'élèvent en retrait ou au-dessus de la Dordogne, qui noue et dénoue sous les promontoires d'amples méandres que les Périgourdins nomment « cingles ». Il faut franchir la Dordogne près de l'église romane de Cénac pour découvrir Domme, bastide fortifiée, haut perchée, dont l'esplanade en plein ciel offre une vue plongeante sur la vallée et le panorama du Périgord Noir.

Capitale du Périgord et préfecture de la Dordogne, Périgueux se niche dans une boucle de l'Isle, où se reflètent les façades des vieilles demeures et les audacieuses coupoles de la grande cathédrale Saint-Front (XIIe s., très restaurée) ; l'immense et froide église d'allure byzantine s'élève à l'orée d'un quartier ancien, aux ruelles pavées de galets et bordées de maisons pittoresques. Périgueux, qui fut, sous le nom de Vésone, une importante cité gallo-romaine, possède quelques vestiges du début

▶

Tassé entre la Dordogne et une haute falaise abrupte, un pittoresque village du Périgord : La Roque-Gageac.
Phot. J. Guillard-Top

de notre ère aux alentours de l'ex-cathédrale Saint-Étienne-de-la-Cité, notamment l'insolite et imposante tour de Vésone.

Cachant ses beautés dans l'écrin d'une périphérie confuse, Périgueux se situe dans le Périgord blanc... qui s'oppose au Périgord vert (Limousin), humide, couvert de prairies et de bosquets, doucement modelé. En remontant la Dronne, petite rivière dont l'eau rapide lèche moulins et rives verdoyantes, on découvre les solides remparts du château de Bourdeilles, accroché au rebord d'une falaise, puis Brantôme, dont les saules pleurent sur le courant où se mirent une longue abbaye du XVIIe et du XVIIIe siècle et un original clocher roman.

le Limousin

Aux séductions secrètes du Périgord vert succède le Limousin, sous un ciel souvent nuageux. Marginal du Massif central, d'où il semble descendu, le Limousin aux rivières vives étale ses bocages et ses prairies en une succession de plateaux ondulés où sont élevés bovins, ovins, chevaux de selle et de boucherie. Les paysages plus austères et plus rudes du haut Limousin se métamorphosent avec les plantations de résineux sur les pacages abandonnés par les moutons : le château d'eau qu'est le plateau très arrosé de Millevaches doit à l'action des forestiers un surprenant changement de visage.

Limoges, capitale du Limousin, a grandi sur la rive droite de la Vienne aux rives abruptes, qu'enjambent deux ponts anciens. Formée, à l'instar de Périgueux, par la réunion de deux cités jadis indépendantes, dont se devinent encore les contours, possédant une cathédrale au merveilleux portail flamboyant, la « cité de la porcelaine », qui fabrique des services de table vendus dans le monde entier, fut d'abord celle des émaux, cloisonnés et champlevés. Pour tout savoir sur les célèbres émaux et les fines céramiques du Limousin, il faut visiter le musée municipal et le musée national Adrien-Dubouché, consacré à la porcelaine d'ici et d'ailleurs ■   Jacques-Louis DELPAL

◄

Le village limousin de Collonges-la-Rouge, auquel la teinte pourpre de ses pierres confère un attrait supplémentaire, a conservé presque intact son aspect médiéval.
Phot. R. Mazin

▲

Au Moyen Âge, les confins de l'Aquitaine et du Périgord se couvrirent de bastides, villes fortifiées, bâties selon un plan géométrique autour d'une place cernée d'arcades, au centre de laquelle se dresse le marché couvert : Monpazier est une des mieux conservées.
Phot. S. Marmounier

le Languedoc

Sans majuscule, le midi n'est qu'un point cardinal. Avec un grand M, comme Méditerranée, le Midi est le sud-est de la France, Languedoc et Provence, une vaste contrée ensoleillée dont la longue façade maritime s'étend de l'Espagne à l'Italie, de part et d'autre du delta rhodanien. Le manque d'unité des régions méridionales, les vifs contrastes des paysages, les excès ou les insuffisances de l'industrialisation, les problèmes sans fin de la viticulture, les réalités de la vie quotidienne, les craintes des écologistes, tout cela s'estompe quand sonnent les deux syllabes magiques dont le chant bref fait surgir des mirages : palmiers ébouriffés balisant l'arrondi des baies profondes ; mimosas égayant février de leurs perles d'or ; oliveraies vert-argent et champs de lavande ; garrigues où stridulent les cigales ; golfes tièdes et calanques secrètes ; villégiature en Technicolor. Le mot « Midi » réchauffe les rêves des Septentrionaux lorsque la grisaille les oppresse, à défaut de satisfaire les géographes ou les historiens et de se laisser emprisonner dans le cadre étroit des dictionnaires.

On « descend » dans le Midi, mais nul ne sait où ce Midi commence. Certains le devinent dès qu'apparaissent les toits rose-rouge, les tuiles romaines remplaçant ardoises et lauzes. C'est aller un peu vite, le Mâconnais et le Beaujolais n'étant méridionaux que pour les Bourguignons du Nord. D'autres entrevoient un changement au niveau de Vienne. D'autres encore attendent les alignements de cyprès droits comme des i et la « porte » que serait Valence. On peut aussi guetter les premiers oliviers, ou admettre que le Midi débute dans la région de Montélimar : c'est là que le vent du nord anonyme prend le beau nom sonore de « mistral » pour mieux bousculer les nuages mal accrochés au ciel bleu.

Des ultimes contreforts en dents de scie des Pyrénées jusqu'au Mercantour, haut massif décharné des Alpes franco-italiennes, le Midi est marqué par le climat méditerranéen : chaleur et sécheresse en été, hiver plutôt doux, printemps précoce et embaumé, pluies rares, parfois violentes. Autant et peut-être plus que les mille beautés des sites et des villes, ce climat explique l'attrait touristique des régions que baigne une mer tiède. On venait autrefois se réchauffer dans le Midi en hiver ; la foule y afflue maintenant en été, pour bénéficier de la « garantie soleil » sur l'un des plus célèbres « bronzoirs » d'Europe. Cette garantie (à 90 p. 100 : il y a des accidents !) est de longue durée, couvrant aussi le bel automne.

Les parfums de la garrigue

Le climat se reflète dans une végétation typiquement méditerranéenne, mêlant les chênes verts, les chênes-lièges et les pins, les buissons parfumés qui enivrent les abeilles, la vigne et les vergers. Les montagnes, souvent dénudées, ferment l'horizon autour de chaos arides d'une sauvage beauté ; les cyprès coupe-vent et les remparts de cannisses (claies de roseaux) protègent les cultures maraîchères. Par endroits, la rocaille, d'une éblouissante blancheur, est semée de maigres touffes d'herbes odorantes, que broutent moutons et chèvres. Ailleurs, elle

Imprenable « pucelle du Languedoc », la cité fortifiée de Carcassonne, protégée par sa double enceinte de remparts, est la plus grande citadelle d'Europe.
Phot. S. Chirol

devient garrigue : c'est le domaine du romarin aux petites fleurs bleues, du thym que les Provençaux appellent *farigoule*, de la sarriette, de la sauge, d'une infinité de plantes aromatiques (celles qui ajoutent leur saveur à une cuisine dominée par le fruité de l'huile d'olive et la puissante personnalité de l'ail). La diversité est cependant plus grande que l'imaginent les gens du Nord ! Aux maquis bruissant d'insectes répondent des vignes, aux riches cultures du comtat Venaissin (les meilleures terres du Vaucluse), les rizières de la Camargue et le désert caillouteux de la Crau... Le littoral lui-même est loin d'être uniforme, puisqu'il offre de vastes plages, des étendues marécageuses, mille criques et d'amples baies.

Le Midi « parle d'oc » comme les troubadours d'antan et les héros de Frédéric Mistral, créateur du grand mouvement littéraire régional que fut le Félibrige. Languedociens et Provençaux font chanter le français, mais restent fidèles à leurs riches dialectes ou les réapprennent : le langage et la culture occitanes existent, résistent, connaissent ici et là un prodigieux renouveau. La savoureuse et subtile langue d'oc — d'où « Languedoc » — conserve sa vigueur depuis le haut Moyen Âge. Tous les enfants du Midi ne la pratiquent pas, mais nombre d'entre eux gardent le chaleureux accent et l'agilité

verbale qui étonnent les gens de langue d'oïl, dont on dit ici, avec un rien de commisération, qu'ils « parlent pointu ».

Villes anciennes et stations nouvelles

Vieille région gardant le souvenir des albigeois (ou cathares), hérétiques qu'une sanglante croisade extermina au XIIIᵉ siècle, le Languedoc change de dimensions selon qu'on le considère sur le plan historique ou géographique. Il eut Toulouse pour capitale sous l'Ancien Régime, mais se réduit maintenant à sa partie méditerranéenne, entre les Corbières et la Camargue, les Cévennes à la rude beauté et la mer. Ce pays multiforme de garrigues et de vignes, de montagnes sèches et de bassins fertiles est semé de cités dorées et de ruines féodales. Son littoral a récemment changé de visage sous l'égide d'une mission d'aménagement : naguère désertique et livré aux moustiques sur des dizaines de kilomètres, il a été assaini, secoué par les bulldozers, remodelé, bétonné, et est devenu, en une décennie, un grand pôle d'attraction touristique. Cette métamorphose — qui n'affecte que certains endroits de la côte — n'a guère modifié le caractère et le particularisme de cette région, occitane de cœur et de langage. Indépendants, fiers de leur pays, coléreux à l'occasion, les Languedociens défendent âprement leurs droits, leur personnalité et leurs vignes, et sympathisent volontiers avec leurs voisins des sauvages Grands Causses, hostiles à l'extension du camp militaire du Larzac sur les terrains pauvres où broutent les moutons.

Porte du Languedoc et préfecture du Gard, Nîmes dresse ses arènes du Iᵉʳ siècle av. J.-C., sa célèbre Maison carrée et ses ruines romaines dans un environnement de garrigues. Deux excursions s'imposent : celle du pont du Gard,

◄
Aqueduc romain demeuré presque intact, le pont du Gard doit à ses harmonieuses proportions et à la teinte dorée de ses vieilles pierres d'être l'un des plus beaux monuments que nous ait légués l'Antiquité.
Phot. Charbonnier-Top

▲
*Immense méandre abandonné par la rivière qui l'a
creusé dans le causse aride du Larzac, l'impressionnant
entonnoir du cirque de Navacelles recèle un village et
quelques cultures.*
Phot. A.-M. Bérenger-C. D. Tétrel

de peintures de France (musée Fabre) et d'une faculté de médecine fondée en 1221. Plus modeste, hautement pittoresque, Pézenas réunit un extraordinaire assortiment d'anciennes demeures. L'autoroute a rapproché Béziers, haut lieu du rugby, de Narbonne, où se tasse un labyrinthe de rues tortueuses, et de Carcassonne, dont la formidable enceinte fortifiée fut commencée au Ve siècle par les Wisigoths : l'anneau des murailles carcassonnaises enferme une cité d'un autre âge, le château comtal et l'église Saint-Nazaire, ensemble bien distinct de la ville basse, bâtie à partir du XIIIe siècle sur un plan régulier.

Surchargée à l'époque des vacances, l'autoroute qui file vers la frontière espagnole flirte avec la région viticole des Corbières, bastion calcaire adossé aux Pyrénées. C'est un pays d'églises romanes, tapissé de cistes, de lavande et de genêts là où ne règnent pas les vignes. Capitale du Roussillon, province catalane rattachée à la France au XVIIe siècle après avoir appartenu à l'Espagne, Perpignan est une ancienne place forte que veille l'énorme citadelle englobant le château médiéval des Rois de Majorque. Vivante et souriante, d'apparence XVIIIe siècle dans son cœur ancien, elle commande le débouché de la vallée du Têt, que l'on remonte pour gagner la station de sports d'hiver «plein soleil» de Font-Romeu (la remarquable insolation a permis l'installation d'un four solaire dans les parages bien avant les économies imposées par la crise de l'énergie).

L'aménagement du littoral

Longues étendues sablonneuses, dunes attaquées par le vent, lacs et étangs formant autant de «nids à moustiques», abris naturels trop rares : la côte méditerranéenne, entre la Camargue et l'Espagne, était déserte sur des kilomètres et généralement peu hospitalière. Les

audacieux aqueduc romain, et celle d'Aigues-Mortes, cité mélancolique corsetée de remparts intacts. Rajeunie par ses étudiants, éclairée par des jardins et l'harmonieuse promenade du Peyrou, Montpellier groupe un incomparable ensemble de maisons des XVIIe et XVIIIe siècles. Animée et chaleureuse, cette ville de l'Hérault s'enorgueillit d'un des plus plus riches musées

▲
▲

Au nord de Carcassonne, les quatre châteaux de Lastours, aujourd'hui en ruine, sont plantés sur des pitons si escarpés qu'aucun assaut ne put jamais en venir à bout.
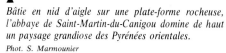
Phot. A. Gaël

▲
Bâtie en nid d'aigle sur une plate-forme rocheuse, l'abbaye de Saint-Martin-du-Canigou domine de haut un paysage grandiose des Pyrénées orientales.
Phot. S. Marmounier

touristes se regroupaient du côté de Sète, jolie ville coupée de canaux dont Paul Valéry chanta le «cimetière marin», vers Narbonne, Canet-Plage, Argelès-sur-Mer, Collioure qu'aimèrent Matisse et Dufy, Banyuls-sur-Mer, port de pêche entouré de vignobles. Tout a changé sous l'impulsion d'une mission interministérielle, chargée de faire naître une nouvelle Côte d'Azur, mais aussi d'en contrôler l'extension. Les plus grandes plages du littoral (150 km de

sable fin) sont à présent jalonnées d'«unités touristiques» nouvelles, alternant avec les stations anciennes, séparées par des espaces naturels protégés, maintenus dans leur état naturel ou boisés. Le béton s'épanouit dans ces villégiatures surgies du désert, près de ports de plaisance offrant des milliers de postes à quai, mais l'architecture est loin d'être uniforme : enchevêtrements cubistes à Port-Camargue, étranges pyramides futuristes à la Grande-Motte, architectures de style méditerranéen au cap d'Agde et à Port-Leucate-Port-Barcarès, toitures curieusement arrondies à Gruissan, près d'une insolite agglomération de chalets sur pilotis... Le rivage, aux possibilités d'accueil maintenant exceptionnelles, risquait d'apparaître détaché de l'arrière-pays, mais la «Mission» et les autorités locales cherchent à établir la symbiose entre l'univers des vacanciers et celui des autochtones.

▲

Perle de la côte Vermeille, qui prolonge la Costa Brava espagnole, l'ancienne place forte de Collioure est une station balnéaire dont le pittoresque attire de nombreux peintres.
Phot. Errath-Explorer

la Provence

Grand couloir d'accès du Midi, la vallée du Rhône s'épanouit, au sud du pays d'Arles, en un vaste delta marécageux : la Camargue, univers à part, séparant le Languedoc de la Provence. En amont, le fleuve venu de Suisse voit ses colères calmées par une série de barrages, mais reste majestueux et ample lorsqu'il aborde l'ancien comté d'Orange, qui appartint à la famille de Nassau, toujours régnante aux Pays-Bas. Située à l'écart du Rhône, Orange est une ville aux charmantes placettes, que domine un formidable théâtre antique accueillant encore de grandes manifestations. Les Romains ont laissé leur souvenir dans toute la région, notamment à Vaison-la-Romaine, cité marquée par l'Antiquité et paradis des archéologues. Son théâtre, du début de notre ère, et des fouilles importantes côtoient des trésors de l'époque romane et une pittoresque ville haute, mêlant les architectures de la Renaissance et du XVIIIe siècle.

Au sud de Vaison surgit le «géant de la Provence», le mont Ventoux. Ce bastion avancé des Alpes, dont les pentes font grimacer les coureurs du Tour de France, est l'un des plus beaux belvédères du Midi : culminant à 1 909 m, la montagne qu'escalada Pétrarque domine le comtat Venaissin, ancienne terre papale officiellement réunie à la France pendant la Révolution (à l'exception du comté de Nice, annexé en 1860, le reste de la Provence devint français à la fin du XVe s.). Fréquemment giflé par le mistral, que combattent de leur mieux des haies de cyprès, le Comtat, fertile, est irrigué par une multitude de canaux : l'eau de la Durance et le soleil en font le jardin de la Provence. Son ancienne capitale, Carpentras, aujourd'hui «cité du berlingot», règne sur une région viticole et agricole. Au sud, dans un paysage de cultures maraîchères, de serres et de vergers, Cavaillon flirte avec une montagne enchantée, le Luberon, où l'on se souvient des vaudois, hérétiques massacrés au XVIe siècle sur l'ordre de François Ier.

Poète et historien d'origine italienne, grand personnage d'Avignon au XIVe siècle, l'humaniste Pétrarque aimait se retirer dans l'oasis de verdure de Fontaine-de-Vaucluse, pour y rêver de la belle Laure. Près du bourg jaillit l'énigma-

tique et célèbre fontaine, spectaculaire résurgence que le commandant Cousteau et un robot sous-marin baptisé *Télénaute* explorèrent sans parvenir à percer ses secrets. Vieux village accroché au rebord du plateau de Vaucluse, dans un paysage aride où s'arrondissent de sommaires huttes de pierre sèche, les bories, Gordes tombait en ruine après la dernière guerre. Le peintre Victor Vasarely, que l'on retrouve à Aix, fit beaucoup pour ce belvédère d'où l'on découvre l'étirement bleuté du Luberon : il restaura le sobre château du XVIe siècle, bel ouvrage Renaissance où il installa un musée vivant, présentant ses démarches artistiques dans leur multiplicité. Près de là, une merveille de l'art cistercien se cache dans une vallée paisible : l'abbaye de Sénanque, chef-d'œuvre de sobriété et de dépouillement, abrite une exposition inattendue... consacrée au Sahara. Abandonnée en 1969 par les moines, l'abbaye est l'une des «trois sœurs cisterciennes» de la Provence, les deux autres autres étant Silvacane et le Thoronet.

Provence profonde et ville des papes

Détachée de la masse alpine, très abrupte au nord, la rude montagne de Lure s'abaisse doucement au sud vers le pays de Forcalquier, petite région mêlant âpreté et douceur, charme et mélancolie. Une autre Provence, encore isolée malgré le tourisme, semée de petits mas roses très dispersés, la Provence profonde du romancier Jean Giono, enfant de Manosque. À l'écart de Forcalquier, gros bourg veillé par une citadelle démantelée, un insolite cimetière aux ifs amoureusement taillés et aux haies sculptées par de savants jardiniers joue au jardin extraordinaire.

Le Verdon, dont l'impressionnant, vertigineux et étroit canyon est une des plus grandes curiosités provençales, a été assagi par d'importants barrages. Il se jette dans la Durance, rivière de haute Provence également régularisée, qui rejoint le Rhône en aval d'Avignon, cité des papes enserrant le réseau de ses rues étroites d'une ceinture ininterrompue de remparts crénelés. Avignon, ville d'histoire couleur de feuille sèche, étape essentielle du voyage en Provence, siège du célèbre festival de théâtre créé par Jean Vilar en 1947...

«Qui n'a pas vu Avignon du temps des papes n'a rien vu», écrivait Alphonse Daudet, Nîmois d'origine qui sut évoquer le Midi avec fantaisie et tendresse. Massant ses vieilles maisons dans l'enceinte des remparts, au pied d'un rocher-belvédère, la préfecture du Vaucluse rayonne d'une gloire ancienne : pendant tout le XIVe siècle, elle fut le siège de la papauté. Dépendance du Saint-Siège jusqu'en 1791, la ville est dominée par le puissant ensemble du palais des Papes, élégante forteresse gothique aux hautes tours, réunissant le Palais-Vieux de Benoît XII et le Palais-Neuf de Clément VI. Parsemée de

◄

L'arc de triomphe d'Orange, à trois portes encadrées de colonnes corinthiennes, fut élevé par les Romains pour commémorer la conquête de la Provence par les légions de César.
Phot. S. Marmounier

vénérables églises et de nobles hôtels, fière des richesses du musée Calvet, Avignon est traversée par une brutale percée du XIXe siècle aboutissant à la place de l'Horloge, toujours animée, transformée en souk pendant le festival (juillet-début août). Le pont d'Avignon de la ronde enfantine, plus exactement le pont Saint-Bénezet, date de la fin du XIIe siècle : il ne possède plus que quatre arches et porte une chapelle romano-gothique.

Le Rhône sépare Avignon de Villeneuve-lès-Avignon, vieille cité languedocienne à la chartreuse restaurée, puis s'incurve pour contourner les collines fleurant le thym de la Montagnette, terrain d'entraînement de Tartarin de Tarascon si l'on en croit Daudet. Plantée d'amandiers, de cyprès et de pins, véritable quintessence de la Provence, cette montagne pour rire semble l'avant-garde des Alpilles, petite chaîne accidentée de très faible altitude,

chaos de calcaire clair creusé de gorges étroites et de grottes (« baumes » pour les Provençaux). Petite ville aimable cernée par un cours ombragé, Saint-Rémy-de-Provence somnole à l'orée des Alpilles, près d'un site antique où se dressent un mausolée et un arc romains très bien conservés. Parfois âpres, souvent fascinants, les paysages n'apparaissent tragiques qu'à travers les œuvres tourmentées de Van Gogh : luttant contre la folie, il fut soigné

dans une maison de santé locale en 1889-1890.

Située entre Durance et Rhône, non loin de Maillane, bourg natal de Frédéric Mistral, Saint-Rémy invite à cent flâneries dans la Provence de la farigoule, des cigales et du « sous-préfet aux champs », le fonctionnaire-poète imaginé par Daudet. Le nid d'aigle des Baux-de-Provence (de *baou*, rocher) confond ses architectures avec la pierre claire, blanche ou teintée de rouge par la bauxite, d'un paysage violemment

▲
Le Rhône, pacifié par des barrages, reflète comme un miroir le populaire pont d'Avignon, le rocher des Doms empanaché de verdure, le clocher de la cathédrale et le palais des Papes.

Phot. Lewis Stage-Image Bank

sculpté par l'érosion, creusé de carrières aux dimensions de cathédrales, dédale cubiste où Jean Cocteau tourna son *Orphée*. Un univers minéral, presque dantesque au clair de lune... La cité au château et aux remparts démantelés semble taillée directement dans le roc. Entièrement «classée» par les Monuments historiques, admirablement entretenue, elle étire ses demeures Renaissance et ses ruines à l'orée du

---

Histoire
Quelques repères

Jadis peuplée de Ligures, devenue Provincia romana, d'où son nom, la Provence vit ses dimensions varier à la suite des mariages, des héritages et des traités de l'époque féodale, et son histoire est particulièrement embrouillée. Elle revint aux ducs d'Anjou (le bon roi René s'y fixa en 1470), puis à son neveu, et bientôt à Louis XI. Outre le papal comtat Venaissin (le comtat Venaissin appartint au Saint-Siège de 1274 à 1791 ; sept papes et deux antipapes se fixèrent à Avignon, qui dépendit de légats jusqu'à la Révolution), la principauté de Monaco et les possessions savoyardes restèrent indépendantes. Le comté de Nice fut uni à la France en 1860, alors que Menton et Roquebrune étaient détachées du mini-État monégasque. Tende et La Brigue sont restées italiennes jusqu'en 1947.

▲
La vertigineuse entaille du Grand Canyon du Verdon est une des merveilles naturelles de la haute Provence.
Phot. Berger-Rapho

▶
Arles : clocher et cloître romans de l'église Saint-Trophime, où le bon roi René épousa la reine Jeanne.
Phot. Jalain-Top

---

plateau dénudé où se dressent le donjon et le colombier de la forteresse détruite. La pointe du promontoire offre le plus éblouissant des panoramas dans l'étincellement d'une lumière crue : une vague de collines aux pinèdes tordues par le vent, Fontvieille dont le moulin inspira Daudet, Montmajour et sa solide abbaye, le plat pays des rizières, Arles, les steppes de la Crau... Bosselée de gros cailloux emprisonnant la chaleur du soleil, incroyablement sèche dans les zones non irriguées, l'étendue claire et monotone de la Crau isole les Alpilles d'une autre Provence : celle de Fos-sur-Mer et de l'étang de Berre, où surgit le formidable ensemble industriel lié à l'«Europort» de Fos-Marseille, aménagé pour recevoir pétroliers géants et minéraliers.

Le plat pays des nomades

Rejeté vers l'est, le Rhône se glisse entre le très beau château fort de Tarascon et la forteresse ruinée de Beaucaire, ville languedocienne assoupie. Il arrose ensuite Arles, romaine, médiévale et profondément provençale, musée en plein air dont les pierres content une bien longue histoire. La cité qui inspira Van Gogh garde d'admirables vestiges de son passé : les arènes, majestueux amphithéâtre où se déroulent corridas, courses provençales et spectacles folkloriques ; un théâtre encore impressionnant ; les thermes de Constantin ; l'illustre nécropole des Alyscamps, prodigieux cimetière antique où médita Dante ; l'étrange église Saint-Honorat ; Saint-Trophime, admirable exemple de style roman-provençal, que jouxte l'un des plus beaux cloîtres du Midi... Au cœur de la ville, les archéologues ont dégagé des céramiques du VIe siècle av. J.-C. ; deux anciennes églises abritent une multitude de statues, de cippes, de chapiteaux, de sarcophages provenant des fouilles locales. Le musée Réattu réunit œuvres d'hier et d'aujourd'hui dans deux édifices contigus du XVe siècle ; le museon Arlaten, «palais du Félibrige», doit son

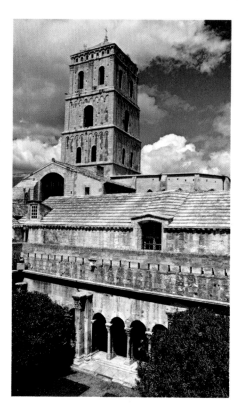

existence à Frédéric Mistral, qui lui consacra toute sa passion... et le montant de son prix Nobel. Charmant et suranné, il évoque l'histoire, les traditions, les légendes et les artisanats de Provence.

Le museon Arlaten abrite la plus authentique des cabanes camarguaises... Arles occupe la pointe nord du mélancolique triangle marécageux enserré par les deux bras du Rhône, étrange delta paradoxalement marqué par la

▲
La lavande, dont les champs colorés embaument la campagne en juillet, est une des cultures traditionnelles de la haute Provence. (Saint-Michel-l'Observatoire, entre Apt et Forcalquier.)
Phot. Loirat-C. D. Tétrel

sécheresse et par l'eau. Infiniment séduisante dans la clarté fraîche du printemps et les brumes automnales, monotone sous le soleil écrasant de midi lorsque la canicule craquelle le sol, coupée de barrières, de canaux, de roubines (fossés d'écoulement) et de ruisseaux, la Camargue ne livre ses beautés secrètes qu'aux visiteurs abandonnant la route directe d'Arles aux Saintes-Maries-de-la-Mer, itinéraire du rush vacancier. Il faut l'explorer patiemment,

▶

Encadrées par quelques gardians, les manades de chevaux blancs vivent en semi-liberté dans les vastes étendues marécageuses de la Camargue.
Phot. Dupont-Explorer

de préférence lorsque la lumière rasante de l'aube ou du crépuscule rehausse les reliefs flous — une butte de 3 m semble une colline ! —, irise l'eau dormante des marais et des étangs, découpe la silhouette des petits taureaux noirs et des chevaux blancs groupés en «manades», troupeaux surveillés par d'agiles cavaliers, les «gardians».

L'extension des rizières, les aménagements du Rhône, les offensives de la mer et l'invasion touristique compromettent le fragile équilibre écologique de la plaine marécageuse, mais la Camargue garde son caractère. Elle porte des pins, des genévriers et des tamaris, se vêt de plantes tenaces résistant à la remontée du sel : la salicorne, la soude, le faux pourpier, la saladelle aux fleurs bleues, des joncs et des roseaux. Les touristes résistant à l'agression de la «mangeance» (horripilante nuée d'insectes) découvrent une foule d'oiseaux aquatiques, des flamants roses hiératiques et des hérons, une ribambelle de migrateurs. Cette terre disputée par l'eau douce et l'eau salée est un grand refuge de la gent emplumée, dont on s'efforce de garantir la tranquillité (une vaste réserve zoologique et botanique fut constituée bien avant la dernière guerre mondiale). La Camargue ne

▲

Entre Marseille et Toulon, les falaises abruptes des calanques abritent des ports minuscules et font la joie des amateurs de varappe. (Calanque d'En Vau, près de Cassis.)

Phot. Briolle-Rapho

◀

Les Baux-de-Provence : au pied des ruines d'un puissant château féodal, les maisons d'un modeste village se mêlent aux vestiges d'une prestigieuse ville morte.

Phot. Silvester-Rapho

▲
*La montagne Sainte-Victoire, chère au peintre Cézanne
et partie intégrante du paysage d'Aix-en-Provence, offre
tout un éventail d'excursions, allant de la simple
promenade aux périlleuses escalades.*
Phot. Loirat-C. D. Tétrel

possède qu'une cité de quelque importance : Les Saintes-Maries-de-la-Mer, que signale de loin le clocher fortifié d'une surprenante église-forteresse du XIIe siècle, but du grand pèlerinage annuel des gitans.

De Massalia à l'Europort

Métropole complexe où le béton surgit des strates du passé, «porte de l'Orient» hier et débouché méditerranéen du Marché commun aujourd'hui, premier port de France, Marseille présente plusieurs visages. Cernée d'importantes banlieues, très embouteillée malgré son métro, mêlant le pittoresque provençal et les banalités contemporaines, l'immense cité est superbement installée au fond d'une baie encaissée et encadrée d'éblouissantes montagnes calcaires. Très étendue, la préfecture des Bouches-du-Rhône a gardé son Vieux Port coloré et encombré, pratiquement creusé à l'emplacement du *Lacydon*, l'embarcadère de l'antique *Massalia*, fondée vers 600 av. J.-C. par les Phocéens (point de départ de l'hellénisation de la Gaule, Marseille fut contrôlée par les Romains après la création de la *Provincia romana*, future Provence). Le bassin sur lequel débouche la célèbre Canebière, large trouée sans grand caractère, n'accueille guère que les barques de pêcheurs et les vedettes desservant les îles, notamment celle où s'élève le château d'If, l'ancien fort dont Alexandre Dumas fit la prison de l'imaginaire comte de Monte-Cristo. Les paquebots, les cars-ferries assurant la liaison avec la Corse et les cargos s'amarrent dans les bassins de la Joliette, alors que les navires géants rallient les darses immenses de l'Europort du Sud, qui s'étend jusqu'au golfe de Fos et à Port-Saint-Louis-du-Rhône, à l'orée de la Camargue.

Veillée par Notre-Dame-de-la-Garde, basilique du XIXe siècle dont le clocher porte une statue de la Vierge, la «Bonne Mère» des Marseillais, la ville offre ses principales curiosités de part et d'autre du Vieux Port, dont l'entrée étroite est commandée par deux forts : un côté du bassin abrite la basilique Saint-Victor et ses «catacombes», cryptes datant en partie du Ve siècle; l'autre, l'élégante mairie du XVIIe siècle, le curieux et vétuste quartier du Panier, l'ancien hospice de la Charité, sauvé par sa rénovation tardive, la froide cathédrale du XIXe siècle, la vieille église romane dite «la Major». Riche de musées éclectiques et intelligemment aménagés, Marseille offre, à l'ouest, l'admirable promenade de la Corniche, d'où se découvrent la rade, les îles, le massif de Marseilleveyre.

Ville noble, charmante et secrète, aux cours ombragés, aux fontaines moussues et aux hôtels aristocratiques, Aix-en-Provence est proche par l'autoroute de Marseille, mais appartient à un autre univers. Attachante, à la fois paisible et vivante, ici médiévale, là marquée par le XVIIe et le XVIIIe siècle, fière de sa cathédrale de style composite, de son hôtel de ville à façade baroque et de son musée Granet, la cité est dominée par une montagne-symbole, la Sainte-Victoire. Toile de fond du paysage aixois, cette hauteur calcaire fut inlassablement peinte par Paul Cézanne, qui y naquit et y mourut. Aix n'a pas su conserver ses œuvres, mais elle a attiré bien d'autres artistes : Victor Vasarely, le pionnier de l'«op'art», y a créé une fondation — centre d'information et de recherches complétant le musée de Gordes — abritée par d'insolites cellules hexagonales.

Calanques et dolce vita

Encore secrètes, relativement préservées par leur difficulté d'accès, les calanques ocre et blanches échancrent le littoral rocheux de la grande banlieue de Marseille à Cassis, charmant port de pêche entouré de hauteurs portant vignes, olivaies et vergers. Ces baies étroites et profondes (Sormiou, Morgiou, En Vau, Port-Pin) sont plus facilement accessibles par la mer que par la terre, les sentiers qui les desservent comportant parfois des passages vertigineux. Langues de mer entaillant profondément le littoral, les calanques sont dominées par des murailles arides et des chaos désolés, puis s'épanouissent en vallons vêtus de pins et s'achèvent sur des plages minuscules. Naguère menacées par un dangereux projet de route côtière, contre lequel s'insurgèrent les défenseurs des sites, elles conservent leur poésie et leur mystère, offrant cent recoins cachés aux nudistes et aux campeurs solitaires.

Très accidentée, creusée d'anses et de criques, la côte provençale s'industrialise à La Ciotat (chantier où naissent d'énormes navires) et à Toulon, port depuis longtemps fortifié, niché dans une échancrure des montagnes. Cette ville de rade, envahie par les «cols

◄

Jalonné de fontaines, ombragé de platanes centenaires, bordé de beaux hôtels particuliers, le cours Mirabeau est l'artère la plus animée d'Aix-en-Provence.
Phot. Loirat-C. D. Tétrel

bleus» de l'escadre de la Méditerranée, a été reconstruite après les destructions de la dernière guerre, au cours de laquelle les plus belles unités de la flotte française furent sabordées dans les bassins. Elle conserve cependant sa séduction provençale du côté de la ravissante place Puget et offre le spectacle toujours animé de sa rade, les somptueuses vues panoramiques du mont Faron. Le soir, les rues «chaudes», aux petits bars pénombreux emplis de filles

▲
Dans le port de Saint-Tropez, les barques de pêche sont aujourd'hui bien moins nombreuses que les bateaux de plaisance.
Phot. S. Marmounier

provocantes, semblent être le « Pigalle » de la Provence, alors qu'elles sont paisibles et populaires pendant la journée.

Près d'Hyères, la belle presqu'île de Giens pointe vers les îles de Porquerolles, merveilleux radeau portant une végétation presque africaine, de Port-Cros, embaumant le romarin et la lavande, et du Levant, que se partagent militaires et naturistes. Jusqu'à Saint-Raphaël et sa voisine Fréjus, vieille cité où subsistent d'importants vestiges romains, le littoral est dominé par le massif des Maures, monde à part, couvert d'un manteau de verdure sombre par les pins, les chênes-lièges et les châtaigniers, auxquels se mêlent figuiers de Barbarie, agaves, eucalyptus et mimosas. Dans une merveilleuse et paisible châtaigneraie, au cœur des montagnes culminant sagement à 779 m, s'élève un couvent-forteresse partiellement ruiné, la chartreuse de la Verne.

Saint-Tropez (prononcer « Tropé ») fut un minuscule port de pêcheurs, une petite cité salée et ensoleillée dont s'éprirent les peintres de la Belle Époque, le Tout-Paris des années folles et Colette, qui y aménagea un mas, la *Treille-Muscade*. « L'air est léger, le soleil ride et confit sur le cep la grappe tôt mûrie, l'ail a grand goût, écrivait la romancière. Quel pays ! L'envahisseur le dote de villas et de garages, de faux « mas » où l'on danse, le sauvage du

la France

75

Nord morcelle, spécule, déboise, et c'est tant pis, certes. Mais combien de ravisseurs se sont, au cours des siècles, épris d'une telle captive ? »

Partiellement détruit en 1944, très joliment reconstruit dans le style du pays, l'adorable petit port rose connut une nouvelle célébrité au cours des années 1950, ralliant stars et starlettes, jolies filles et riches désœuvrés, offrant chaque année une moisson d'anecdotes aux échotiers. Brigitte Bardot dut clore de cannisses sa propriété de *la Madrague*, assiégée par les photographes, les adeptes du nu intégral bravèrent *le Gendarme de Saint-Tropez* alors que le bronzage total était prohibé. La ravissante bourgade, tapie sous sa citadelle, passa, dans le monde entier, pour une capitale de la *dolce vita* : sa légende trouble lui valut d'être envahie par une foule de curieux, plus soucieux de voir les célébrités que les tableaux du séduisant musée de l'Annonciade.

Aujourd'hui, les personnalités se font discrètes, et nul ne s'étonne de découvrir des naïades rôtissant nues sur le sable des plages, à deux pas de l'immense camping de Pampelone... Le bourg n'en continue pas moins d'être surpeuplé du 15 juillet au 1er septembre : il faudrait découvrir la petite cité, sa douce campagne, ses pinèdes et ses plages lorsqu'elle somnole, au printemps, à l'automne ou même en hiver.

Côte d'Azur et Riviera

Historiens et géographes seraient bien en peine de préciser où commence la Côte d'Azur : à Saint-Tropez ? à Saint-Raphaël ? à La Napoule ? Le poète Stephen Liégeard inventa l'expression dans les années 1880, pour éviter la confusion entre Riviera niçoise et Riviera italienne, mais il se garda de mettre des bornes au littoral enchanté dans lequel s'incruste l'indépendante principauté de Monaco. Nul ne se trompe cependant en France quand on évoque la « Côte », sans autre précision : à quelques kilomètres près, on admet qu'elle englobe une portion mal définie du littoral varois, la bordure du département des Alpes-Maritimes et l'enclave de Monte-Carlo.

Le meilleur et le pire se côtoient sur la Côte d'Azur, grande façade touristique de la Provence, mêlant le béton, les vieilles pierres ocrées et le porphyre, les pinèdes et les résidences-buildings, les coins paisibles et les fourmilières humaines, les ports de pêche d'une relative activité et les « nouveaux ports » où s'amarrent des yachts dont les propriétaires paraissent ignorer les croisières au long cours.

▲
Entre Nice et Menton, la Méditerranée vient lécher les premiers contreforts des Alpes, d'où le village-belvédère d'Èze domine la mer de plus de 400 m.
Phot. S. Marmounier

▶
Nice : vu de la colline du Château, le quai des États-Unis, amorce du magnifique front de mer qui, par la célèbre promenade des Anglais, borde la baie des Anges.
Phot. Duboutin-Explorer

Parfois sublime, souvent dénaturée, terriblement envahie en été et follement séduisante hors saison, la Côte d'Azur est un puzzle au dessin d'ensemble remarquable, sans doute incomparable. La mer tiède, les plages de galets ou de sable sur lesquelles rissolent des filles aux

jambes longues, la Croisette et la Promenade des Anglais, l'animation diurne et nocturne, les importants équipements touristiques de toutes catégories attirent la plus disparate des clientèles, au milieu de laquelle les Provençaux sont, en été, bien minoritaires. Les séductions naturelles ou factices du « gril-littoral » éclipsent quelque peu les richesses d'un arrière-pays montagneux, semé de villages perchés semblant à mille lieues des plages dont ils sont très proches à vol d'oiseau : la vraie Provence est toujours présente derrière Cannes, Nice, Menton et le chapelet de stations de l'international front de mer.

La Croisette, grand boulevard marin de Cannes, s'arrondit majestueusement entre deux ports, domine les plages réensablées où s'alignent matelas et parasols, dessert les palaces et le palais des Festivals. La célèbre villégiature lancée au XIXᵉ siècle par un chancelier d'Angleterre, lord Brougham, assemble, sous les coteaux chargés de villas et de résidences, un vieux quartier au cachet provençal, le Suquet, des rues au caractère Belle Époque et une marée d'immeubles modernes, tournant leurs balcons vers le soleil. Cité aux multiples·visages, ville

▲
Encore entouré des remparts dont elle fut dotée à l'époque de François Iᵉʳ, Saint-Paul-de-Vence est l'un des plus typiques des villages perchés du pays niçois.
Phot. Bibal-Rapho

autant que station, Cannes attire jeunes et personnes âgées, joueurs, habitués des palaces, plaisanciers et curieux : une véritable Babel des vacances !

À l'exception du mois de novembre et des trois premières semaines de décembre, elle offre toujours quelque animation. Les retraités y prennent le soleil en hiver, des manifestations comme le Midem et le festival de cinéma emplissent les hôtels hors saison. Le décor est très urbain, mais il suffit de se dégager des embouteillages pour redécouvrir la Provence profonde, vers Mougins, vers Grasse, ville au cœur ancien et capitale de la parfumerie. Au revers de la pointe du Palm Beach se découvrent Golfe-Juan, puis Juan-les-Pins et Antibes, immense ensemble balnéaire dont se détache le paisible Cap-d'Antibes, avec ses belles villas entourées de parcs aux gazons toujours verts, ses pinèdes, ses palaces.

Juan-les-Pins, villégiature moderne de plan anarchique, a beaucoup moins de caractère qu'Antibes, l'*Antipolis* des Phéniciens : derrière les remparts battus par la mer s'étend un quartier pittoresque, veillé par le clair château Grimaldi, où des produits de fouilles voisinent

avec les œuvres de Picasso (il travailla à Antibes et à Vallauris avant de se fixer à Mougins).

Nice dévale des hauteurs où s'accrochent les villas, et le site antique de Cimiez s'étale derrière l'arc superbe de la Promenade des Anglais et la plage de galets ourlant la baie des Anges. Continue du port aux abords de l'aéroport international dont les pistes avancent en

la principauté de Monaco

État monarchique souverain enclavé dans une république, la principauté de Monaco, accrochée aux pentes abruptes de la Riviera française, est une des capitales mondiales du jeu : son quartier le plus connu, celui des casinos et de l'hollywoodien Sporting Club d'été, s'appelle Monte-Carlo. La cité des palaces, du hasard et des plages sophistiquées, dont les frontières avec la France sont totalement ouvertes depuis 1865, manque terriblement de place, ce qui oblige les promoteurs à construire en hauteur et à empiéter sur la mer. Le pittoresque vieux Monaco s'étend sur le «Rocher», entre le palais princier et le fort commandant le port ; il est dominé par le monumental et sévère Musée océanographique, aux merveilleux aquariums. De l'autre côté du bassin où s'amarrent les yachts et derrière lequel s'élève le quartier commerçant de La Condamine, Monte-Carlo doit sa fortune au jeu : son plus vénérable édifice est l'immense casino construit à la fin du siècle dernier par Charles Garnier, l'architecte de l'Opéra de Paris.

mer, l'urbanisation dense marie les genres. Centre de la région touristique que l'on appelait autrefois « Riviera française », ville de commerce et d'affaires, peu industrialisée, carrefour animé, Nice s'est laissé enfermer dans le béton, mais il ne l'a pas submergée. La place Masséna, aménagée vers 1835, garde son air génois avec ses arcades ocre rouge; le vieux quartier qui s'étend en contrebas du « rocher du Château » est toujours aussi pittoresque avec son lacis de rues étroites, ses hautes maisons du XVIIIᵉ siècle, son marché aux fleurs. Si la Nice d'hier, le palais Lascaris et plusieurs églises ont un caractère italien, c'est parce que la ville appartint à la maison de Savoie jusqu'au plébiscite de 1860, qui la réunit à la France avec son comté (l'actuel département des Alpes-Maritimes).

« Déesse vivante sortie des flots d'écume sous un baiser de soleil », selon Théodore de Banville, Nice est une admirable base d'excursions vers un arrière-pays montueux, extraordinairement beau, cachant des bourgs et des cités appartenant encore au passé. Il faut s'arracher au *paseo* de la Promenade des Anglais, à la plage ou aux amusements du Carnaval pour découvrir Cagnes, Saint-Paul-de-Vence, son corset de remparts et la fondation Maeght, Vence la médiévale, les stations de sports d'hiver de Valberg, d'Auron, d'Isola 2000, le col de Turini, Saint-Martin-Vésubie.

Au-delà de Nice, les Alpes tombent droit dans la mer : routes d'altitude offrant mille points de vue, les Corniches font découvrir La Turbie et le Trophée des Alpes, monument commémorant les victoires romaines, le vertigineux nid d'aigle qu'est Èze, le labyrinthe médiéval du vieux Roquebrune. Après l'enclave monégasque, Menton est le point final de la Côte d'Azur, près de la frontière italienne : sous la haute muraille coupe-vent de la montagne, un havre de tiédeur où le frileux citronnier fleurit sans craindre le gel... « La plus chaude, la plus saine des villes d'hiver », selon Maupassant, Menton a préservé son petit port coloré, ses passages voûtés, ses maisons anciennes et ses jardins enchantés, mais s'est dotée d'un port moderne. Des routes en lacet grimpent rudement vers les villages perchés dans la montagne : l'Italie n'est qu'à 6 km.

la Corse

Pour les Corses, pas de doute : leur « montagne dans la mer » est la plus belle de toutes les îles. Peut-être n'ont-ils pas tort! Plus petite que la Sardaigne et la Sicile, mais plus variée, la Corse aux cent visages enchevêtre golfes, criques et plages, vallées, plateaux et massifs. Elle offre le mariage de la mer et du soleil, voit ses montagnes blanchir en hiver sous un ciel voué au bleu ; elle est couverte de vignes, de maquis tenaces, impénétrables et parfumés,

▲
Toujours à faible distance des flots bleus de la Méditerranée, le cœur de la Corse est hérissé de hautes montagnes aux farouches aiguilles de roc. (Le Kyrie-Eleison au-dessus de Ghisoni culmine à 1535 mètres.)
Phot. P. Tétrel

▲
Corse : ce sont les Génois qui construisirent la cité de
Saint-Florent au ras des eaux, sur une langue de terre,
au fond d'un paisible golfe.
Phot. P. Tétrel

d'oliveraies, de chênes-lièges, de pinèdes, de hêtraies, de châtaigneraies, d'alpages. Chaque tournant révèle un point de vue (plusieurs panoramas sont réellement sublimes), les routes, sinueuses et étroites, franchissent des cols, suivent des torrents, s'attardent près de lacs d'altitude dont l'eau reste glaciale quand la mer est tiède.

Maintenant découpée en deux départements, la Corse semble divisée en autant de mini-régions qu'il y a de caps et de vallées. Ne pas confondre Ajaccio, Bonifacio et Bastia ! Chaque Corse est de sa ville ou de son village, du Cap-Corse, du Nebbio, de la Balagne, de l'Asco, du Valinco, du Sartenais ou du Fiumorbo, mais tous ont le cœur corse et parlent couramment une langue aux racines latines, qui paraît proche de l'italien aux oreilles des Français « continentaux ».

La Corse, aux étés chauds et lumineux, embaume au printemps quand explose précocement une flore extrêmement variée : « Je la reconnaîtrais rien qu'à son odeur », disait Napoléon, héros du pays comme Pascal Paoli (ces insulaires célèbres connurent des destins bien différents : l'un fut empereur des Français, l'autre se battit pour l'indépendance de l'île et donna à sa patrie une éphémère constitution). La côte, rocheuse, tourmentée, presque partout de toute beauté, ne s'aplanit qu'à l'est, où s'étirent d'interminables plages. Saint-Florent, L'Île-Rousse, Calvi, Porto, Cargèse, Ajaccio, Propriano, Porto-Vecchio, Solenzara et les nombreuses stations du littoral fixent les touristes en été, alors que l'admirable montagne reste presque déserte.

L'attrait des sites l'emporte sur la richesse architecturale. La Corse se pare cependant d'une multitude de chapelles romanes, de plusieurs églises classiques et baroques ; elle porte de fortes citadelles et des ouvrages militaires, est semée de très beaux villages fréquemment haut perchés, souvent à demi abandonnés, mais dont les enfants exilés se refusent à vendre les solides maisons de pierre. Une île où il faut tout voir, sans chercher l'itinéraire idéal et sans craindre la monotonie : elle n'existe pas ■ Jacques-Louis DELPAL

Histoire
Quelques repères

Souvent déchirée par des guerres, des troubles et des révoltes, la Corse a maintenu miraculeusement sa personnalité, bien qu'ayant été conquise ou partiellement dominée par Rome, le pape, Pise, Gênes, l'Aragon, l'Angleterre et la France. Malgré la résistance des partisans de Pascal Paoli, l'île natale de Napoléon Bonaparte fut cédée par Gênes à la France en 1768. Déclarée française en 1789 par l'Assemblée constituante, elle ne forma d'abord qu'un département, puis fut divisée en deux en 1975 : Haute-Corse (Bastia) et Corse-du-Sud (Ajaccio). Différents mouvements régionalistes, autonomistes, voire « indépendantistes », y troublent l'ordre.

▲
À la pointe sud de la Corse, face au large, Bonifacio entasse au sommet d'une haute falaise en surplomb ses vieilles maisons protégées par de puissantes murailles.
Phot. A. Gaël

la Bourgogne

Pays des châteaux, des églises romanes et des grands vins, terre d'élevage, de labours et même d'industrie lourde (Le Creusot), grande voie de passage, la Bourgogne s'organise autour de la haute Seine et de ses affluents au nord, de la Saône au sud, mêlant les particularismes et les paysages. L'ancienne patrie des Gaulois Éduens, qui soutinrent Vercingétorix sans excès d'enthousiasme, fut un royaume burgonde, d'où son nom, et surtout le fleuron d'un grand État atteignant la mer du Nord, territoire disloqué par Louis XI, vainqueur rusé de Charles le Téméraire. S'étendant sur les départements de l'Yonne, de la Nièvre, de la Côte-d'Or et de la Saône-et-Loire, l'actuelle région administrative se superpose à peu près au domaine que les Grands Ducs d'Occident gouvernèrent en toute indépendance de la fin du XIVᵉ siècle à la fin du XVᵉ. Oubliant qu'ils le tenaient de la Couronne (le duché fut donné en apanage à Philippe le Hardi par son père Jean le Bon en 1364),

ils l'agrandirent démesurément par le jeu des mariages et des héritages. Les richesses architecturales et la personnalité de la Bourgogne témoignent qu'elle fut plus qu'une province ! Cette région, l'une des plus françaises et des moins autonomistes qui soient, reste fière de son « Grand Siècle », dont le souvenir glorieux s'ajoute au prestigieux héritage de Cluny et de Cîteaux.

Un musée dans un palais

Le passé affleure partout dans le centre assez nettement délimité de Dijon, qui sut préserver et rénover son cœur historique au temps de l'expansion : la cité des vins, de la moutarde et du pain d'épice, devenue une petite métropole à la périphérie moderne, a conservé ses vieilles façades nobles ou familières sans leur imposer le voisinage du béton ; débarbouillées, restaurées, elles s'organisent autour d'un charmant secteur piétonnier. La belle ville dont François Iᵉʳ dénombrait avec surprise les clochers s'enorgueillit de sa cathédrale, de ses églises,

de l'immense palais des Ducs et de son remarquable musée, de ses hôtels aristocratiques et de ses vénérables maisons ventrues. Apparue assez tardivement dans l'histoire, elle détrôna Autun et Beaune, s'épanouit sous le règne des Grands Ducs, fut le siège prospère d'un parlement aux XVIIᵉ et XVIIIᵉ siècles. Les traces de la fin de l'Ancien Régime sont particulièrement marquantes : le palais ducal fut rhabillé à la mode du Grand Siècle, et les parlementaires élevèrent près des pittoresques maisons médiévales des demeures élégantes et sobres, témoignant de leur ascension sociale.

Le séduisant Dijon historique n'atteint pas les dimensions d'un arrondissement parisien, mais c'est un univers où chaque pas réserve une surprise, où s'enchaînent les courtes et belles perspectives. Il possède deux pôles, au demeurant proches : la cathédrale Saint-Bénigne, veillant une ancienne abbaye et un quartier d'églises ; le palais des Ducs, énorme et disparate édifice autour duquel chaque rue possède ses curiosités architecturales. Enveloppé par le XIXᵉ siècle d'immeubles souvent cossus, le vieux quartier semble aux antipodes des banlieues nouvelles et de l'ensemble nautique du

▲
Devant les douves asséchées du château d'Époisses, des bœufs blancs dont l'élevage est une des richesses de la Bourgogne.
Phot. Bouillot-Marco-Polo

lac Kir, proche de l'ancienne chartreuse de Champmol, ruinée par la Révolution (il n'en subsiste guère qu'un portail et le fameux « Puits de Moïse », tous deux sculptés par Claus Sluter vers 1400).

Grand vaisseau gothique des XIIIᵉ et XIVᵉ siècles, l'ample et sévère cathédrale cache un étonnant ensemble à demi enterré, vestige d'une ancienne église romane : les travaux de déblaiement ont fait apparaître une étrange rotonde de 1001, un dédale pénombreux, le fond d'un sarcophage où aurait reposé le légendaire saint Bénigne. La cathédrale est escortée par les vestiges d'une importante abbaye, dont l'immense dortoir gothique et les massives salles romanes abritent les collections d'un passionnant musée archéologique, réunissant de très belles sculptures médiévales et de mystérieux ex-voto gallo-romains découverts aux sources de la Seine, jadis divinisées. À proximité de Saint-Bénigne, au milieu des hôtels anciens, s'élèvent deux églises, l'harmonieuse et robuste Saint-Philibert qui a été désaffectée, et Saint-Jean, où fut baptisé Jacques Bénigne Bossuet, le futur « Aigle de Meaux ».

Le palais des ducs de Bourgogne, devenu « logis royal », puis hôtel de ville, comportait jadis une Sainte-Chapelle aux innombrables richesses : à la place de ce joyau, abattu au XIXᵉ siècle, s'élève l'aile abritant les salles principales d'un éclectique musée des Beaux-Arts, petit Louvre et musée d'art moderne annexant l'ancienne salle des Gardes (on y a installé deux tombeaux géants et les admirables retables-triptyques ayant échappé à la scandaleuse destruction de la chartreuse de Champmol). Sans cesse réaménagé et agrandi par les ducs, le palais fut métamorphosé au XVIIᵉ et au XVIIIᵉ siècle, prenant une nouvelle physionomie avec les travaux réalisés sur les plans d'Hardouin-Mansart, puis sous la direction de Jacques Gabriel. Le vaste et froid édifice, ordonné autour de trois cours, est dominé par la vieille tour de Philippe le Bon et englobe divers vestiges du Moyen Âge, notamment les spectaculaires cuisines ducales.

Devant la majestueuse cour d'honneur du palais s'arrondissent les arcades de l'harmonieuse place de la Libération, ex-place Royale. Ce grand ensemble architectural s'élève au beau milieu du vieux Dijon, dans un quartier de pittoresques rues étroites, bordées de maisons à pans de bois, demeures bourgeoises du Moyen Âge, et d'hôtels luxueux, jadis résidences des parlementaires et des gens de robe : les rues de la Chouette, Vannerie, Verrerie et consorts appartiennent à une autre époque... La commerçante rue Musette cadre la surprenante et aérienne façade de l'église Notre-Dame, bijou du XIIIᵉ siècle et fief de la « famille Jacquemart » (le « père » — un automate ornant jadis le beffroi de Courtrai — fut offert aux Dijonnais par Philippe le Hardi ; il fut, par la suite, doté d'une femme et d'enfants l'aidant à égrener le temps). Saint-Michel, église gothique, s'orne d'une façade Renaissance presque maniérée. L'ancienne cathédrale Saint-Étienne héberge la Chambre de commerce et le musée Rude (reproductions de nombreuses œuvres du grand sculpteur d'origine dijonnaise).

Des vignes de Chablis aux forêts du Morvan

Les touristes venant du nord abordent la Bourgogne dans la région de Joigny, ville ancienne assoupie au bord de l'Yonne qui s'attarde en méandres (très belle vue de la côte Saint-Jacques). Auxerre — on prononce « Aus-

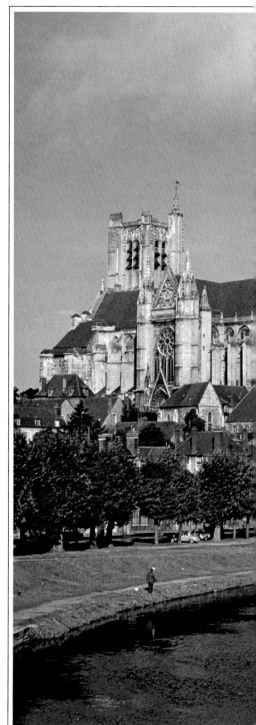

serre » — est également arrosée par la belle rivière issue du Morvan : joliment colorée par les derniers feux du soleil couchant, la vieille cité se découvre dans son ensemble depuis la rive droite. Son cœur historique est dominé par une cathédrale gothique à la riche façade dissymétrique (une des tours est inachevée) et aux portails remarquables, Saint-Étienne. Séparée de son clocher roman bourguignon, la composite ex-abbatiale Saint-Germain se dresse à l'emplacement de la sépulture du grand évêque : sous la froide église haute se découvre un dédale de cryptes peu éclairé, datant essentiellement du IXᵉ siècle.

◄

Dijon : chef-d'œuvre de la sculpture médiévale, le Puits de Moïse *de Claus Sluter est l'un des rares vestiges de la chartreuse de Champmol, qui fut la nécropole des ducs de Bourgogne.*
Phot. P. Tétrel

Histoire
Quelques repères

La Bourgogne, où Vercingétorix fut défait par César en 52 av. J.-C., tient son nom des Burgondes, peuplade germanique qui y fonda un premier royaume au Vᵉ siècle. Après maints partages et réunions, elle fut rattachée à la couronne de France au XIᵉ siècle. Le roi Robert le Pieux la donna à son fils aîné, qui la laissa à son cadet, Robert : celui-ci fut le premier des douze ducs capétiens, dont la lignée s'éteignit en 1361. Le duché revint alors à la Couronne et fut presque aussitôt accordé en apanage à Philippe le Hardi, premier des Grands Ducs d'Occident. Ayant hérité de la Flandre et de l'Artois, il légua un vaste État à son fils, Jean sans Peur ; le successeur de celui-ci, Philippe le Bon, fut l'un des plus grands souverains d'Europe.
Charles le Téméraire (1433-1477) entreprit de faire du duché de Bourgogne un véritable royaume, au détriment de la couronne de France. Victime de son ambition et des ruses de Louis XI, il ne put mener à bien cette tentative. Après sa mort, le duché fut définitivement rattaché à la France. Marie, fille du Téméraire, épousa Maximilien d'Autriche, apportant aux Habsbourg les autres possessions de son père, les Pays-Bas et la Franche-Comté (comté de Bourgogne, par opposition au duché). Française, la Bourgogne constitua une province, dont le roi désignait les gouverneurs et à laquelle la Bresse se rattacha.

À Auxerre même subsiste un petit vignoble, propriété d'un hôpital : Alexandre Dumas fit à son vin l'honneur de son célèbre *Dictionnaire de la cuisine.* L'Yonne reste une région viticole, avec Chablis notamment, mais c'est aussi un pays de vergers qu'embellit la floraison printanière des cerisiers.

Acropole jadis ralliée par les pèlerins de Compostelle et les croisés prêts à batailler pour les Lieux saints, Vézelay s'accroche à un haut promontoire ceint de murailles. La lumineuse basilique Sainte-Madeleine, sauvée d'une ruine totale par Viollet-le-Duc, domine la « colline inspirée », maintenant envahie par les touristes.

Construite à partir de 1120, après l'incendie d'une église préexistante, la Madeleine s'ouvre sur un énorme et superbe narthex roman, dont le tympan central intérieur est un des chefs-d'œuvre de l'art bourguignon. Ornée de célèbres chapiteaux historiés, la nef fait alterner pierres blanches et brunes en une saisissante perspective. Le troupeau des vieilles maisons et les défenses de Vézelay se détachent des contreforts du Morvan, massif accidenté, couvert de sombres forêts, semé de grands lacs de retenue, animé d'eaux vives. Cette région enclavée s'ouvre au tourisme avec l'équipement de ses plans d'eau, le lac des Settons principalement.

Le pays morvandiau vécut jadis de la vente de son bois, transporté par flottage jusqu'à Paris, et d'une activité très particulière, celle des nourrices : elles s'expatriaient ou allaitaient à la ferme les bébés parisiens. Le Morvan d'aujourd'hui, dépeuplé, élève les bovins du Charolais dans ses prés fermés de haies vives, mais les labours diminuent, et bien des forêts manquent d'entretien. Autant et plus que du tourisme, les responsables du parc naturel régional se soucient de retenir les paysans au pays, en améliorant les infrastructures routières, en proposant aux jeunes et aux moins jeunes des activités nouvelles.

▲
Auxerre : au bord de l'Yonne, les chevets gothiques de la cathédrale et de l'église abbatiale St-Germain se dressent, perpendiculairement à la rivière, de part et d'autre d'un clocher roman isolé.
Phot. A.-M. Bérenger-C. D. Tétrel

Le Morvan aux amples panoramas et aux cheminements secrets possède plusieurs « portes ». On y accède par Saint-Père, dont l'église gothique est bien belle ; par Avallon, vieille cité juchée sur un éperon ; par Saulieu, étape gastronomique depuis le XVIIᵉ siècle ; par Château-Chinon à la vue « imprenable ».

Gloires du passé
et du « plus-que-passé »

La basse Bourgogne englobe la Puisaye — chère à Colette qui y naquit et y passa son enfance, relatée dans *la Maison de Claudine* —, déborde sur le Nivernais. Elle s'étend loin à l'est de l'autoroute A6, en marge de la Champagne et jusqu'à l'approche du carrefour de Langres (dont les évêques furent, un temps, maîtres de Dijon). Unissant douces vallées et plateaux giflés par le vent, c'est une région de châteaux, d'abbayes et de vieilles pierres, aux mille curiosités... Dévalant d'une colline, Tonnerre fut martyrisée pendant la dernière guerre, mais conserva son ancien hôpital à la prodigieuse charpente et l'hôtel Renaissance où naquit l'énigmatique chevalier d'Éon. Aux environs s'élèvent deux châteaux comptant parmi les plus intéressants de la Bourgogne : Tanlay, tout de charme et de fantaisie ; Ancy-le-Franc, immense et sévère quadrilatère cachant une merveilleuse cour Renaissance.

À l'orée d'une grande forêt, près des inépuisables et agrestes sources de la Douix, Châtillon-sur-Seine est enlacée par les bras fantasques du fleuve encore jeune. De style roman primitif, l'église Saint-Vorles domine la cité, en grande partie détruite lors des combats de 1940. Le feu a miraculeusement épargné la gracieuse demeure Renaissance abritant le musée archéologique et l'incomparable trésor découvert en 1953 au mont Lassois, près du village de Vix. Les spécialistes du monde entier s'étonnèrent de la taille et du poids d'un gigantesque vase

◄
À l'entrée de la nef lumineuse de la basilique de Vézelay, le tympan du portail central, représentant le Christ envoyant les Apôtres évangéliser le monde, est un magnifique témoignage de l'art roman bourguignon.
Phot. Desjardins-Top

Le village de Vézelay, où saint Bernard de Clairvaux
vint prêcher la deuxième croisade, fut un grand centre
de pèlerinage et le point de départ de l'un des quatre
itinéraires menant à Saint-Jacques-de-Compostelle.
Phot. Binois-Pitch

de bronze, le plus grand cratère qu'ait légué l'Antiquité. Orné de gorgones et d'une frise de chars et de soldats, ce vase de 208 kg fut déposé dans la tombe d'une princesse vers 500 av. J.-C. Sans doute coulé par des bronziers grecs établis en Italie, il prouve l'ancienneté des échanges commerciaux entre les mondes méditerranéen et celte.

Cité perchée, défendue par de puissantes murailles, la médiévale Semur aux ruelles étroites et à la superbe église veille l'Auxois, région de buttes isolées et de grasses vallées, transition entre le Morvan et les plateaux de la Bourgogne calcaire. Près de l'importante gare des Laumes se dresse l'une des collines les plus célèbres de France, celle qui porte le vieux bourg d'Alise-Sainte-Reine et les fouilles gallo-romaines d'Alésia. Le mont Auxois sert de socle à la monumentale statue d'un Vercingétorix moustachu et barbu à souhait : commandant les Gaulois soulevés contre Rome, le chef arverne fut assiégé par dix légions de César et contraint de se rendre. Sa défaite, en 52 av. J.-C., marqua le début d'une ère nouvelle.

L'Auxois est semé de villes et de bourgs anciens, de châteaux comme ceux d'Époisses et de Bussy-Rabutin. Enfermé dans un écrin de verdure, ce dernier n'est pas particulièrement spectaculaire sur le plan de l'architecture, mais il compte parmi les curiosités de la Bourgogne : exilé dans ses terres par Louis XIV, pour cause d'irrespect, Roger de Bussy-Rabutin projeta sur les murs ses obsessions, sa vanité et sa hargne ; sous sa direction, une armée de peintres évoquèrent les grands de l'époque, tracèrent de bizarres scènes symboliques, montrèrent une marquise frivole dont l'auteur de *l'Histoire amoureuse des Gaules* entendait se venger.

Près de la route qui mène de l'Auxois à Dijon à travers de beaux paysages, jaillissent les sources de la Seine : la voie royale de Paris n'est là qu'un humble ruisseau, gazouillant dans les hautes herbes au fond d'un frais vallon.

Les vignes et les côtes

La vigne apparaît au sud de Dijon, accrochée au rebord abrupt d'un massif (la « Montagne ») échancré de combes : c'est la côte de Nuits, à laquelle sont épinglés les noms célèbres de

Gevrey-Chambertin, de Chambolle-Musigny, de Vougeot, de Vosne-Romanée, de Nuits-Saint-Georges... Partagé entre des dizaines de propriétaires (le vignoble bourguignon est très morcelé), le célèbre « climat » du Clos de Vougeot s'étend sous le château au vaste cellier roman et à la gigantesque cuverie où se réunissent les chevaliers du Tastevin et leurs hôtes. Ce sont les moines cisterciens qui plantèrent les premières vignes, sur quelques arpents de friches offerts à leur communauté au début du XIIe siècle.

Si la côte de Nuits produit essentiellement de grands vins rouges, les quelques blancs apparaissant plutôt comme des curiosités, la côte de Beaune, de physionomie plus avenante, se partage entre les blancs et les rouges. Au nord et au sud-ouest des remparts de Beaune, elle offre des paysages doux et variés, particulièrement beaux vers la combe de Pernand et aux environs de Savigny. Au hasard des routes tournant entre les murs de pierres sèches se découvrent ses fleurons : Aloxe-Corton ; Pernand-Vergelesses ; Savigny-lès-Beaune, que signale un beau clocher du XIIe siècle ; Pommard, gros bourg aux fortes maisons ; Volnay ;

▲
Ancienne place forte du duché de Bourgogne, Semur-en-Auxois a conservé une partie de ses remparts et les grosses tours rondes de sa citadelle.
Phot. Martin-Guillou-C. D. Tétrel

Auxey-Duresses ; Meursault, d'où émerge une flèche gothique ; Puligny- et Chassagne-Montrachet ; Santenay, commune viticole et... ville d'eaux (elle possède deux sources thermales, mais est sans doute plus connue pour ses vins et son casino).

Les hautes-côtes, aux paysages frais et pittoresques, escortent les côtes et se couvrent aussi de vignes. Au sud s'étirent d'autres vignobles, ceux des côtes chalonnaises, de Mercurey, de Givry. La vigne s'accroche ensuite aux hauteurs du Clunisois et de la région mâconnaise : les cépages de Pouilly-fuissé ondulent sous le haut rocher de Solutré, donjon naturel sous lequel fut découvert un important site préhistorique. Là, nous sommes presque en Beaujolais, autre pays de vin...

Entre côte de Nuits et côte de Beaune s'arrondit une vieille cité corsetée de remparts, grand centre du commerce vinicole, capitale de la Bourgogne des crus célèbres (on dit ici « climats »). Petite cité d'un autre âge, fidèle à son passé, Beaune a vu ses bastions annexés par les négociants en vins, dont apparaissent partout les enseignes, les caves médiévales devenant d'immenses celliers. Quelque peu jalouse de Dijon, préférée par les Grands Ducs, cette ville d'art possède un monument vedette — l'hôtel-Dieu — et deux joyaux — la collégiale Notre-Dame et l'hôtel des Ducs —, mais aussi une pléiade de vénérables demeures, d'églises et de couvents désaffectés.

Le superbe hôtel-Dieu aux tuiles luisantes et multicolores étonnerait si l'on ne connaissait le passé flamand de la Bourgogne : le décor de cette « maison des pauvres » évoque la Flandre glorieuse sur laquelle régnèrent les Grands Ducs. Construit par le chancelier Nicolas Rolin au XVe siècle, l'hôtel-Dieu reçut des malades jusqu'en 1971. Son extraordinaire grande salle à charpente de châtaignier s'achève sur une chapelle ; les cuisines et la pharmacie ont conservé leur apparence ancienne. C'est aussi un musée, présentant des tapisseries, des meubles et, surtout, le célèbre triptyque du *Jugement dernier*, œuvre magistrale exécutée par Van der Weyden au milieu du XVe siècle.

Mariant les styles derrière un grand porche du XIVe siècle, la collégiale Notre-Dame garde des fresques des années 1470 et les cinq remarquables panneaux de tapisserie de la *Vie de la Vierge* (vers 1500). Devenu « logis royal » après la mort du Téméraire, l'ancien hôtel des Ducs héberge un musée du Vin de Bourgogne remarquablement conçu, mais évoquant plus le passé que le présent.

Un Cézanne roman

À l'écart du grand axe nord-sud et à une vingtaine de kilomètres du mont Beuvray, qui porta Bibracte, la capitale fortifiée des Éduens, Autun somnole sur une éminence panoramique. Cette vieille ville, qui garde maints souvenirs de sa prospérité gallo-romaine, est veillée par un sanctuaire harmonieux, de dimensions con-

sidérables : la cathédrale Saint-Lazare. Modifiée extérieurement, celle-ci conserve, à l'intérieur, sa physionomie romane, notamment une étonnante collection de chapiteaux haut perchés, contant une multitude d'épisodes de l'histoire sainte. Un ample porche protège le portail, qu'orne un tympan de toute beauté, exécuté en 1130-1140 par un tailleur de pierre échappant à l'anonymat, Gislebertus : « le Cézanne roman », disait André Malraux... Veillés par un

Christ hiératique, de nombreux personnages en haut relief illustrent avec verve divers épisodes du Jugement dernier.

Près de la cathédrale, le musée Rolin rassemble des collections, aussi riches qu'éclectiques, d'œuvres d'art de toutes les époques. Parmi ses trésors figurent une séduisante *Ève* de Gislebertus, provenant de la cathédrale, les restes du tombeau de saint Lazare, une très belle *Nativité* du Maître de Moulins et la

Joyau de la Renaissance, foyer de protestantisme à l'époque des guerres de Religion, le château de Tanlay, entouré de larges douves.
Phot. Bouillot-Marco-Polo

charmante *Vierge* d'Autun. Avec ceux de Dijon et de Châtillon, ce musée compte parmi les plus intéressants de Bourgogne.

Au sud d'Autun, par-delà les paysages industriels du Creusot et de Montceau-les-Mines, s'étendent les verts pâturages du Charolais, puis les campagnes semées d'églises romanes du Brionnais touchant à la Loire. Centre de la dévotion au Sacré-Cœur et belle ville ancienne, Paray-le-Monial possède une superbe basilique de pierre claire, édifiée d'un seul jet à partir de 1109. Reflétée par une petite rivière tranquille, la Bourbince, elle apparaît comme un parfait exemple de l'architecture clunisienne. Derrière cet édifice d'une rare élégance, le parc des Chapelains reçoit périodiquement des milliers de pèlerins : le culte du Sacré-Cœur de Jésus fut préconisé au XVIIe siècle par une religieuse de la Visitation de Paray-le-Monial, Marguerite-Marie Alacoque, canonisée en 1920.

Le trait d'union de la Saône

Née au nord de Dijon, la Seine se détourne de la Bourgogne, mais une belle rivière vosgienne, la Saône, serpente dans la région dijonnaise et devient l'axe fluvial de la haute Bour-

▲

Depuis le XVe s., l'hôtel-Dieu de Beaune, capitale viticole de la Bourgogne, a soigné les malades et nourri les indigents avec le produit de la vente annuelle des prestigieux vins des Hospices de Beaune.
Phot. Loirat-C. D. Tétrel

▶

Duchesse de Savoie, gouvernante des Pays-Bas, Marguerite d'Autriche repose sous un somptueux baldaquin flamboyant, dans l'église de Brou qu'elle fit élever à la mémoire de son mari, Philibert le Beau.
Phot. P. Tétrel

gogne, où elle est escortée par les grands axes routiers (N6 et A6). Elle s'arrondit devant les quais du vieux Chalon et paresse à Tournus, où deux tours à arcades signalent l'église Saint-Philibert, ancienne abbatiale romane dont le rude et puissant narthex contraste avec une nef élancée aux tonalités roses. Elle flirte ensuite avec le pays de Lamartine, douce et montueuse région dont le poète chanta les paysages voilés par le brouillard de l'automne ou tapissés de givre. Alphonse de Lamartine a son musée à Mâcon, sa ville natale, dans un bel hôtel Régence ; son souvenir est omniprésent aux environs. Il s'occupa des vignes du château de Monceau, tout en écrivant son *Histoire des Girondins* dans un kiosque entouré d'arbres ; il immortalisa Bussières avec *Jocelyn*, et il « déguisa » le vieux château de Saint-Point à la mode gothico-romantique. « Le village obscur de Milly » — maintenant Milly-Lamartine et haut lieu du pèlerinage lamartinien — inspira à l'écrivain-homme politique l'une de ses plus célèbres *Méditations*. Mâconnais, il prétendit même être natif de cette charmante bourgade rurale, où il passa son enfance dans une demeure cossue, partageant les jeux des petits paysans.

Bornant le « pays de Lamartine » au sud-ouest de Mâcon, la roche abrupte de Solutré veille sur des rangées de cépages chardonnay et marque à peu près la lisière de la Bourgogne historique. La Saône argentée et poissonneuse va défiler au pied des hauteurs du Beaujolais, grande banlieue viticole de Lyon. En face, sur sa rive gauche, s'étale la Bresse aux molles ondulations, tardivement rattachée au duché de Bourgogne. Ce pays de grosses fermes, dont certaines ont conservé leur ancienne cheminée « sarrasine », curieux minaret miniature, se consacre depuis le Moyen Âge à l'élevage de la volaille : les poulets bressans au plumage blanc doivent maintenant répondre aux règles strictes d'une « appellation d'origine contrôlée ». Il possède aussi un joyau : à la périphérie de Bourg-en-Bresse s'élève la flamboyante église de Brou, dont le chœur abrite de splendides stalles et d'extraordinaires tombeaux-monuments, chefs-d'œuvre du XVIe siècle.

Prolongeant le pays des chapons, le plat pays aquatique de la Dombes est semé d'étangs peu profonds, aux contours flous, périodiquement empoissonnés, puis vidés et cultivés, enfin remis en eau... Immense vivier et terre d'élevage, la Dombes mystérieuse est une escale de migrateurs. Éclairé de vastes pièces d'eau, l'exemplaire parc ornithologique possède volière et « maison des oiseaux », mais est beaucoup plus qu'un zoo de la gent emplumée : c'est un territoire protégé que rallient les oiseaux les plus divers, du verdier à la grive musicienne, du pinson au canard colvert.

Les rondeurs du Beaujolais

Région de bonhomie, le Beaujolais est aimable, tout rond : les collines sont douces, les routes tournent, les viticulteurs au solide bon sens sont ouverts, joyeux vivants. Les vins du Beaujolais ont officiellement droit à l'appellation « bourgogne », bien qu'issus d'un cépage spécifique, le gamay, mais l'ancien fief des sires de Beaujeu se démarque nettement du duché, dont il resta indépendant jusqu'à son rattachement à la couronne de France : on sort de Bourgogne à Mâcon.

Le Beaujolais aux gros villages cossus et aux solides maisons chapeautées de tuiles romaines ne possède pas de monument très remarquable, mais il offre de doux paysages, cent belvédères, la verdure de ses vignes, la blondeur de ses « pierres dorées » aux tons chauds, lumineux. En arrière du secteur viticole, il existe aussi un Beaujolais des sapins et des genêts, dont les hauteurs se couvrent d'herbages. C'est la « Montagne », fort belle, quelque peu méconnue des touristes attirés par les villages du vin, Saint-Amour, Juliénas, Chénas, Fleurie, Chiroubles, Villié-Morgon, par l'ensoleillé mont Brouilly, sur lequel se dresse la chapelle Notre-Dame-du-Raisin.

Les caveaux et les chais, où l'on boit tassée sur tassée en marquant sa satisfaction de judicieux « y goûte ben », sont autant d'escales sur une route des vins au tracé fantasque. Territoire des « crus » et des « villages », le haut Beaujolais aux pentes parfois rudes est couvert par la houle des vignes taillées d'une façon particulière à la région. Essentiellement viticole aujourd'hui, le pays connaît l'aisance depuis le « boom » du beaujolais, petit vin fruité à boire jeune, dont le succès international est relativement récent. Le bas Beaujolais, au sud, reste voué à la polyculture. Moins marqué par le vignoble, malgré l'essor des coopératives, il produit des beaujolais « simples », que les gens des crus qualifient, sans trop d'aménité, de « bâtards ».

Fondée par les sires de Beaujeu, qui lui accordèrent des franchises, Villefranche-sur-Saône est enfermée dans une périphérie sans caractère. Ses très vieilles maisons et ses traboules (passages entre deux rues) rivalisent avec celles de Lyon, vers laquelle se tourne de plus en plus la petite capitale des vins.

▶

Depuis la démolition de l'immense abbatiale de Cluny, victime de la Révolution, la basilique de Paray-le-Monial est l'exemple le plus achevé du style clunisien, qui rénova l'art roman au XIIe s.
Phot. S. Chirol

le Lyonnais

Grand carrefour au confluent de la Saône et du Rhône, métropole à l'échelle du Marché commun, Lyon est à la fois bimillénaire et ultra-contemporaine. La tour jaillissant de l'ensemble futuriste de la Part-Dieu fait pendant à l'insolite basilique élevée par le XIXᵉ siècle au sommet d'une colline incrustée de pierres gallo-romaines ; la romane église Saint-Martin-d'Ainay est proche du centre d'échanges de Perrache, grosse tranche de béton masquant l'architecture second Empire de la gare. Cœur d'une communauté urbaine totalisant quelque 1 220 000 habitants et l'une des têtes de la tricéphale région Rhône-Alpes (avec Saint-Étienne et Grenoble), Lyon joue franchement l'avenir et s'aménage ambitieusement, mais reste marquée par son long passé.

La romano-byzantine basilique Notre-Dame-de-Fourvière et les grands vestiges romains dominent un incomparable quartier Renaissance, le Vieux Lyon de la rue Saint-Jean, des traboules, des tourelles sveltes et des escaliers savants. Naguère lépreux, ce secteur réapparaît dans toute sa séduction, avec ses grâces toscanes et ses cours à galeries, reliées par de longs couloirs permettant de « trabouler » d'une rue à l'autre (ce mot typiquement lyonnais vient du latin *transambulare*). La cathédrale Saint-Jean, primatiale des Gaules, veille le quartier ressuscité. Cette église, commencée au XIIᵉ siècle, dresse une façade assez sèche sur un soubassement de marbres arrachés au forum de Trajan (Fourvière dérive de *Forum vetus*) ; elle accueillit deux conciles et vit célébrer le mariage d'Henri IV et de Marie de Médicis.

Au-dessus de la presqu'île formée par la Saône et le Rhône, la Croix-Rousse aux impressionnantes traboules garde l'empreinte de l'amphithéâtre des Trois Gaules et porte les hautes maisons où les canuts (ouvriers de la soie) faisaient fonctionner les bruyants métiers à tisser mis au point par Jacquard, les « bistanclaques ». Le plateau et ses pentes forment un univers à part, quoique aussi intimement lié à Lyon que Montmartre l'est à Paris : « Ailleurs, on descend des croisades ; à Lyon on descend de la Croix-Rousse... » Aérée par la vaste place Bellecour, égayée par les longues rues piétonnières sous lesquelles circule le métro, la presqu'île cossue et bourgeoise conserve sa vieille rue Mercière, ses églises, son admirable hôtel de ville, son monumental palais du Commerce et de la Bourse, majestueux symbole du Lyon des affaires.

La poussée vers l'est

Lyon naquit en 43 av. J.-C. sur la hauteur de Fourvière, descendit vers la Saône, annexa la presqu'île et les pentes de la Croix-Rousse. Elle ne franchit le Rhône qu'à la fin du XIXᵉ siècle, avec l'aménagement des Brotteaux et de la Guillotière, et l'implantation des grandes industries. Depuis, la ville n'a cessé de croître vers l'est, se fondant pratiquement avec Villeurbanne (où s'est implanté le Théâtre national populaire). La rive gauche du Rhône a changé de visage avec la construction d'une « ville dans la ville », l'énorme et moderne ensemble de la Part-Dieu : ce quartier spectaculaire réunit cité administrative, bureaux, centre commercial, auditorium, centre culturel et halles (grand marché classique de demi-gros et de détail dans un décor contemporain).

Déconcertante, inépuisable, très attachée à son particularisme, Lyon est marchande et industrielle, mais témoigne d'une grande vitalité intellectuelle : l'art et la culture y tiennent depuis longtemps une place importante, et de nombreuses manifestations attirent une clientèle jeune et enthousiaste. Fière de son Opéra, de ses théâtres, de son audacieux auditorium, la ville où Rabelais fit imprimer *Pantagruel* et *Gargantua* compte plus de vingt musées, dont certains, pourtant remarquables, sont relativement méconnus. L'un des plus originaux, le musée historique des Tissus, occupe un élégant hôtel du XVIIIᵉ siècle, à côté de l'intéressant musée des Arts décoratifs : on y trouve des broderies de toutes les époques, de flamboyantes soieries, des compositions modernes, tous les jeux des fils et de la couleur... Guignol, un vrai « gone » (enfant de Lyon), préside l'assemblée des marionnettes au Musée historique, logé dans un bel hôtel du Vieux Lyon.

La presqu'île abrite également de riches musées : celui des Beaux-Arts, aménagé dans un ancien monastère aux dimensions de palais, et ceux de l'Imprimerie et de la Banque, jumelés dans une belle demeure du XVIᵉ siècle. Surprenante et heureuse construction de béton, le remarquable musée de la Civilisation gallo-romaine se profile en haut de Fourvière, face aux ruines de l'antique *Lugdunum* : ses larges baies ouvrent sur le grand terrain de fouilles, où se dressent les vestiges du théâtre fondé par Auguste et d'un odéon. Les rampes originales de ce musée logique et pratique font découvrir mille statues et objets, ainsi que la fameuse « table claudienne » : trouvée dans une vigne au XVIᵉ siècle, elle reproduit un discours de l'empereur Claude, né à *Lugdunum*, demandant au sénat d'accorder aux Gaulois l'éligibilité aux magistratures romaines. Le passé dans un écrin moderne : bon symbole de Lyon...

la vallée du Rhône

Couloir du mistral, porte royale du Midi, la vallée du Rhône sépare le Massif central des Alpes, s'élargit et s'étrangle, prend progressivement les couleurs provençales. Comme la Loire et la Garonne, le puissant cours d'eau coupé de barrages est bordé de vignes : mêlant les cépages sur une rive ou l'autre, souvent aménagé en terrasses au flanc de pentes raides, le vignoble des côtes du Rhône s'étend d'Ampuis (Côte-Rôtie) à Châteauneuf-du-Pape et Tavel. La région de Condrieu produit le blanc et parfumé viognier, le rare château-grillet ; celle de Tain, Tournon et Valence les hermitages rouges ou blanc doré, les saint-joseph, cornas et saint-péray. Aux vignes répondent les vergers, parfois associés aux cultures maraîchères : les pêchers, les abricotiers et les cerisiers envahissent le piémont rhodanien.

▲
Lyon : au pied de la colline de Fourvière, la primatiale St-Jean et ses quatre tours carrées, la Saône et, à l'arrière-plan, le vaste quadrilatère de la place Bellecour et la rangée d'arbres des quais du Rhône.
Phot. R. Lanaud

►
À mi-chemin entre la Bourgogne et la Provence, Vienne possède, outre des monuments antiques témoignant de son très ancien passé, une cathédrale aux portails gothiques finement sculptés.
Phot. Loirat-C. D. Tétrel

Cité d'art et d'histoire, Vienne est romaine avec l'harmonieux temple d'Auguste et de Livie, romane avec l'église et le cloître de Saint-André-le-Bas, et gothique avec la cathédrale Saint-Maurice. Une partie des trésors livrés par le sol viennois, notamment d'admirables mosaïques, sont présentés dans l'une des plus vieilles églises de France, Saint-Pierre. Au carrefour du Vercors, du Vivarais et de la Provence, Valence est devenue une grande ville, malheureusement séparée du Rhône par l'autoroute. Les ensembles modernes et les boulevards encerclent la cité ancienne, le monument du Pendentif et la cathédrale romane, l'évêché devenu musée (remarquable collection d'Hubert Robert). Plus au sud, Montélimar, la ville du nougat, a grandi à l'orée du Tricastin, petit pays vêtu de chênes verts, d'oliviers et de pins, et semé de châteaux. Là commence réellement la Provence...

le Massif central

Près de Condrieu, dont le charmant quartier du port a des airs tropéziens, le massif du mont Pilat sépare le sillon rhodanien du bassin de la Loire. Ses croupes arrondies et ses granites sculptés par l'érosion sont l'avant-garde du Massif central, grand bastion hercynien enclavé au cœur de la France. Industrialisé dans la région de Clermont-Ferrand, mais essentiellement rural et très attaché à ses traditions, le Massif central laboure ses « terres noires », étage bien des vergers dans ses vallées, offre de riches pacages aux bovins. L'Auvergne herbue, parfois très enneigée l'hiver, juxtapose les volcans, cônes de formation relativement récente ou puys usés par le temps.

Pays de thermalisme (Vichy, Châtelguyon, La Bourboule, Le Mont-Dore, Royat) dont les

◄
Au cœur de l'Auvergne, Salers, chef-lieu de bailliage au XVᵉ s., a conservé beaucoup des vieilles maisons de lave, à tourelles en poivrière, élevées par la bourgeoisie aisée de l'époque.
Phot. S. Marmounier

▲
Paysage typique de l'Auvergne, les monts Dôme — ou chaîne des Puys — alignent leurs volcans éteints, dont un manteau de verdure recouvre les formes tourmentées.
Phot. R. Mazin

▲
Plantées sur une éminence non loin de Riom, les ruines du château de Tournoël et de son donjon cylindrique dominent la plaine de la Limagne.
Phot. S. Marmounier

montagnes se prêtent au ski de fond et, parfois, de descente, le Massif central offre une magnifique collection de curiosités naturelles (panoramas, eaux vives, lacs, forêts) et de trésors architecturaux (églises romanes, nids d'aigle médiévaux). Dans une cuvette hérissée de pitons volcaniques, paysage très insolite, Le Puy escalade un haut rocher. Au milieu des vieilles maisons où travaillent encore des dentellières, la pittoresque rue des Tables grimpe vers une merveille romane marquée par l'influence byzantine : l'étrange cathédrale Notre-Dame, jadis étape des pèlerins de Compostelle, à laquelle on accède par un escalier de 102 marches. Le maître-autel porte une célèbre Vierge Noire, remplaçant celle brûlée par la Révolution. Au nord de la cité mariale, un mince piton de lave sert de socle à la chapelle romane Saint-Michel d'Aiguilhe, également d'inspiration orientale.

◄
Chapiteau historié de l'église St-Austremoine d'Issoire, l'un des plus grands sanctuaires romans de l'Auvergne.
Phot. Desjardins-Top

Au-dessus de la station thermale de Saint-Nectaire,
dans un site isolé et boisé, le village de Saint-Nectaire-
le-Haut s'enorgueillit d'une belle église du plus pur style
roman auvergnat.
Phot. S. Marmounier

Parmi les célèbres «aiguilles» du massif du Mont-
Blanc, qui dominent Chamonix de près de 3 000 m, une
des plus populaires est la flèche acérée du Dru.
Phot. S. Marmounier

les Alpes

Face au puissant talus du Massif central, les Préalpes limitent à l'est le couloir rhodanien : Vienne appartient au bas Dauphiné, Valence est proche du Vercors aux forêts profondes et aux vastes pâturages, forteresse calcaire creusée de gorges, dont les belvédères dominent Grenoble et le Graisivaudan encastré entre la Chartreuse et la chaîne de Belledonne. Masse énorme aux cimes coiffées de neiges éternelles, formidable imbroglio de massifs et de vallées, de sommets aigus et de plateaux accidentés, les Alpes semblent dresser une barrière infranchissable aux confins sud-est de la France. Elles n'ont cependant rien d'un rempart et sont parcourues d'un réseau de voies fréquentées depuis l'Antiquité. Il existe, certes, des vallées enclavées, comme le haut et beau Queyras « où les coqs picorent les étoiles », des massifs réservés aux chamois et aux alpinistes, bien des solitudes glacées, mais les Alpes sont humanisées de longue date et parsemées de villes parfois importantes, de gros bourgs et de mille villages.

Façonnées par le travail des glaciers et des torrents, les Alpes françaises sont très diverses, humides au nord, sèches et beaucoup moins vertes au sud ; l'histoire les a découpées en trois régions : la Savoie, tardivement rattachée à la France ; le Dauphiné ; la Haute-Provence. Les deux départements savoyards et une partie du Dauphiné sont inclus dans la puissante région Rhône-Alpes, où l'entreprenante Grenoble, si bien située, fait contrepoids à Lyon.

Histoire
Quelques repères

Le Dauphiné appartint longtemps à des princes totalement indépendants, dont le nom — ou le surnom — de « dauphin » demeure énigmatique. Sans héritier, l'un d'eux céda ses possessions à la France en 1349. Le Dauphiné fut alors constitué en apanage pour les fils aînés des rois, qui portèrent tous le titre de « Dauphin » jusqu'à leur accession au trône.

La Savoie, rivale et souvent adversaire du Dauphiné, constitua un grand État autonome, dont les comtes, puis les ducs régnèrent aussi sur le Piémont, la Sardaigne et le pays niçois. Elle resta terre étrangère jusqu'en 1860, où un vote massif des Savoyards la rattacha à la France.

▲ *Les sommets découpés des Alpes composent au lac d'Annecy un décor d'une romantique grandeur.*
Phot. S. Marmounier

◄ *Dans le vieil Annecy, les maisons fleuries du quai de l'Isle font face, par-dessus les eaux vertes du Thiou, aux austères bâtisses médiévales appelées « palais de l'Isle ».*
Phot. Dejardin-Rapho

Au pied du géant qu'est le mont Blanc et de l'aiguille du Midi, fabuleux belvédère d'où dévale la mer de Glace, s'étale une petite ville sans charme architectural : Chamonix, capitale de l'alpinisme, grand centre de ski. Proche de la Suisse, reliée par le tunnel routier à l'italien val d'Aoste, « Cham » est active en toute saison, attirant sportifs et amateurs de curiosités du monde entier. Il faut emprunter téléphériques et télécabines pour accéder aux vastes domaines skiables : comme Megève, Saint-Gervais et Morzine, Chamonix est une station basse, où la neige ne permet pas toujours le ski. Les Alpins, qui ne connaissaient pas les vacances d'hiver, préférant l'abri des vallées, il existe peu de vieux villages à haute altitude : Val-d'Isère, Bonneval-sur-Arc, Molines-en-Queyras sont des exceptions.

Aux bourgs de fond de vallée autour desquels furent tissées les toiles d'araignée des remontées mécaniques font maintenant pendant de modernes usines à ski, dissimulant parfois leur béton sous un placage de bois, témoins du « boom de l'or blanc ». Construites à 1 800 ou 2 000 m sur des alpages naguère déserts, elles garantissent la neige. L'Alpe d'Huez, les Deux-Alpes et Chamrousse furent parmi les premières. Courchevel est devenue un modèle, avec son réseau de pistes rationnellement aménagées, relié aux domaines skiables de Méribel, des Belleville et de Val-Thorens. Technocrates du ski et promoteurs parlent maintenant de « stations de la troisième génération ». Univers résolument fonctionnel du « tout pour le ski », où tours et buildings remplacent les vieux chalets, Avoriaz, Flaine, La Plagne, Les Arcs, Tignes, Le Corbier, Pra-Loup permettent pratiquement, par leur enneigement, de « chausser » devant sa porte ∎   Jacques-Louis DELPAL

L'ancienne capitale des ducs de Savoie, Chambéry, cache dans un banal écrin moderne le réseau de passages mystérieux et de vieilles rues que protège un château maintes fois remanié. Grande cité thermale sans caractère, dans un très beau site, Aix-les-Bains garde le souvenir de Lamartine : il soigna son « mal du siècle » et aima Mme Charles au bord du lac du Bourget, plan d'eau aux couleurs changeantes, dans lequel se mire l'abbaye de Hautecombe. Au bord d'un autre lac, grosse goutte d'eau bleue, la coquette Annecy dresse son décor d'opérette. Sur le Léman franco-suisse, Thonon et surtout Évian sont des villes d'eaux.

la France

100

▲
À quelques kilomètres de la Côte d'Azur, le massif du Mercantour dresse aux confins de l'Italie ses hautes cimes, coupées de vallées profondes où vivent une faune et une flore originales et protégées.
Phot. Vieil-Rapho

▲
Tout proche du mont Blanc, le mont Maudit (4 471 m) propose aux alpinistes chevronnés l'ascension de son arête orientale déchiquetée.
Phot. Leblanc-Explorer

▲
Amateurs de varappe en action sur le glacier Blanc, dans la Vallouise (massif du Pelvoux).
Phot. Silvester-Rapho

la Franche-Comté

À l'est de la Bourgogne, sur la rive gauche de la Saône, le rude Jura s'incurve en croissant de lune, frôle le lac Léman et touche aux Alpes. Débordant sur la Suisse, il occupe, en France, une grande partie de la Franche-Comté. (Le mot « comté », désignant le comté de Bourgogne, distinct du duché, était autrefois féminin.) Les crêts jurassiens ne sont pas des cimes altières, mais le massif, vêtu de grandes forêts de sapins, a un aspect très montagnard, avec ses pentes abruptes, ses eaux vives, ses profondes « cluses » (passages encaissés reliant deux vallées) et ses spectaculaires « reculées » (énormes entailles en cul-de-sac).

Les hivers sont longs et froids ; la neige épaisse tient plusieurs mois et permet le ski en maints endroits : faisant pistes communes avec la Suisse, la familiale station des Rousses n'offre pas les dénivelées alpines, mais l'enneigement y est abondant et régulier. Ce climat explique la solidité des larges toits, la présence d'écailles de bois ou de tôle sur les murs exposés au sud et à l'est. Le Jura connaît des printemps fleuris et des étés éblouissants : le paysage des « chaux » (escarpements calcaires) reste aride, presque désertique, mais la verdure des prés et des « joux » (hêtraies et sapinières) s'épanouit sous le ciel bleu que reflètent des dizaines de lacs.

Le Jura des fruitières (exploitations laitières) et du comté (fromage cousin du gruyère) est prolongé par les plateaux de la Haute-Saône, transition avec la Bourgogne et la Lorraine. Capitale de la Franche-Comté, Besançon, blottie sous un haut rocher dans une boucle du Doubs, garde son aspect d'ancienne place forte, sa citadelle construite par Vauban, ses vestiges de remparts. Cette ville d'une sévère beauté est, depuis la fin du XVIIIe siècle, un grand centre d'horlogerie et vit naître, il y a une centaine d'années, l'industrie de la soie artificielle (rayonne).

Entre les contreforts du Jura et la Bresse, s'étend un pays de pampres et de vergers doucement modelé, le Vignoble, où sont produits les vins de Château-Chalon, de l'Arbois et de l'Étoile.

À l'est de Dole et de la forêt de Chaux, les salines jurassiennes justifièrent la construction, au XVIIIe siècle, d'un insolite ensemble industriel : l'architecte Claude Nicolas Ledoux, doué d'une imagination débordante, mais rigoureux et obsédé par des préoccupations sociales,

Les vieilles maisons d'Ornans et leurs balcons en surplomb se mirent dans les eaux sages de la Loue.
Phot. S. Marmounier

Édifiée sous Louis XVI, la Saline royale d'Arc-et-Senans, cœur d'une « ville idéale » qui ne fut jamais construite, est conçue sur un plan circulaire dont le pavillon du directeur occupe le centre.
Phot. Berne-Fotogram

établit les plans d'une « cité idéale », de forme circulaire, qui révolutionnait la science de l'urbanisme. Malheureusement, il ne lui fut pas donné de l'achever. Les bâtiments existants furent abandonnés en 1890, lorsque l'exploitation du sel gemme périclita. Sauvée *in extremis* de la ruine, l'ancienne saline royale d'Arc-et-Senans accueille maintenant les chercheurs réunis par la Fondation Ledoux et s'anime en été avec des manifestations artistiques.

Histoire
Quelques repères

58 av. J.-C. : appelés à l'aide par les Séquanes que menaçaient les Germains, les Romains occupent la Séquanie (rive gauche de la Saône).
407 apr. J.-C. : invasion de la Séquanie par les Burgondes.
Xᵉ s. : la Burgondie, devenue Bourgogne, se divise en «duché» et «comté».
1032 : incorporation de la comté (et du Royaume d'Arles) au Saint-Empire.
1366 : forte de ses privilèges, la comté prend le nom de Franche-Comté.
1674 : Louis XIV conquiert militairement la Franche-Comté.
1678-79 : paix de Nimègue. La Franche-Comté devient une province de France, avec Besançon comme capitale (en remplacement de Dole).

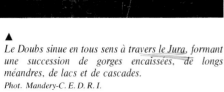

Le Doubs sinue en tous sens à travers le Jura, formant une succession de gorges encaissées, de longs méandres, de lacs et de cascades.
Phot. Mandery-C. E. D. R. I.

▲
*Le village de Baume-les-Messieurs et son ancienne
abbaye sont situés à l'intersection de trois «reculées»,
vallées aux flancs escarpés et verdoyants, s'achevant
en cul-de-sac, propres au plateau jurassien.*
Phot. Veiller-Explorer

l'Alsace

L'Alsace : deux départements étroitement liés, le Haut-Rhin et le Bas-Rhin, un monde à part, à la fois sage et original, que l'Allemagne disputa âprement à la France et ne sut pas assimiler... D'une tranquille beauté, l'Alsace égrène du nord au sud trois grandes villes et une série de bourgs cossus, dont les noms s'achèvent fréquemment en «willer» ou en «heim». Cette région très particulière, bien française malgré son dialecte germanique et sa physionomie rhénane, est l'une des mieux délimitées de l'Hexagone. Ignorant pratiquement friches et espaces inhabités, vouée à une polyculture intensive composant un aimable paysage rural, l'Alsace déroule ses vergers, ses champs de tabac, ses houblonnières, ses bois et ses vignes entre les hauteurs vosgiennes, le Rhin, encore tumultueux, que double un canal, la forêt septentrionale et celle qui se lance à l'assaut du Jura.

Accueillante, souriante, familière, cette province tolérante, où les églises côtoient les temples, a pansé les plaies cruelles des guerres, oublié les sombres périodes des annexions. Déployant une rare coquetterie dans ses villes et ses gros villages, briqués et pomponnés comme ceux de la Suisse, elle s'orne de tours romantiques, de «burgs» (châteaux forts) ruinés et d'innombrables maisons à colombage, dont les amples toits aux bords relevés encadrent des pignons aigus. Aisée — et le montrant sans ostentation —, elle fleurit abondamment ses belles demeures cossues, plus bourgeoises qu'aristocratiques. Elle connaît, certes, les grands ensembles et les rangées de pylônes électriques, mais défend ses sites et met amoureusement en valeur ses vieux quartiers aux harmonieuses façades blanches ou roses. La rénovation des rues anciennes de Strasbourg et de Colmar, et celle de bourgs-bijoux comme Eguisheim sont exemplaires. Les costumes typiques et le gros nœud noir des femmes appartiennent maintenant au folklore, et les cigognes — que l'on s'efforce de réacclimater — ont souvent déserté leurs nids. L'image de la province n'en reste pas moins très typée, et cela n'est pas dû seulement aux multiples jardinières de géraniums, aux pans de bois, aux *winstubs* où l'on ne boit que du vin, aux «caveaux» d'atmosphère chaleureuse : les Alsaciens ne ressemblent guère au célèbre *Ami Fritz* d'Erckmann-Chatrian, mais ils sont profondément attachés à tout ce qui fait le charme incomparable de la plus «soignée» des régions de France.

Longue et lumineuse clairière avec laquelle contraste, par-delà le Rhin, la ligne sombre de la Forêt-Noire, l'Alsace juxtapose plusieurs petits pays soudés les uns aux autres, unités relevant de l'histoire plus que de la géographie. De Strasbourg — reliée à l'Allemagne par le pont de l'Europe — à Mulhouse — proche de Bâle et de la Suisse —, via Colmar, ne se découvrent ni opposition nette ni solution de continuité. Entre Wissembourg, au nord, où vécurent Stanislas Leszcsyński et sa fille Marie, future reine de France, et l'éperon de Ferrette, au sud, les paysages changent insensiblement, sans heurt. Tapissées de châtaigniers et de sapins, les vallées descendant des alpages vosgiens — les «hautes chaumes» — sont isolées les unes des autres, mais s'épanouissent largement sur la plaine, entre les collines vêtues de vignes : chaque ville basse commande sa ou ses vallées.

L'effondrement d'un massif

L'Alsace doit aux hommes sa physionomie, sa parure végétale et ses architectures, mais sa structure et son unité viennent d'un formidable

▲
Alors que toutes les autres forteresses féodales plantées sur les contreforts des Vosges sont en ruine, le château du Haut-Kœnigsbourg a été soigneusement restauré et dresse d'imposantes murailles de grès rose au-dessus de la plaine d'Alsace.
Phot. Cabaud-Fotogram

▲
Le long de la vallée du Rhin, le vignoble alsacien couvre les coteaux ensoleillés que les Vosges voisines abritent des vents froids.
Phot. Laouenen-Arepi

▶
Colmar est l'une des villes alsaciennes les plus typiques, avec ses rues étroites, bordées de maisons à colombage, dont le crépi clair met en valeur les poutres sombres (la rue des Marchands).
Phot. Ronis-Rapho

La bière d'Alsace est également réputée, mais elle ne rivalise avec les vins blancs si caractéristiques que dans le nord, où sont installées les principales brasseries.

Trois villes, cent villages

Trois villes, d'importance inégale, émergent du maillage serré des bourgs et des villages entourés de terres méticuleusement cultivées. Grande cité animée qu'encerclent les bras de l'Ill, port fluvial et carrefour frontalier, Strasbourg est bourgeoise avec ses belles demeures fleuries, princière avec son majestueux château des Rohan et ses nobles hôtels, mais aussi industrielle et laborieuse. Façonnée par le XVe et le XVIIIe siècle, gardant de beaux vestiges du XIVe siècle, mariée avec l'eau, elle est fort pittoresque dans ses quartiers anciens, notamment celui de la « Petite France », mais elle n'a rien d'une ville de carte postale figée dans le passé : la vie moderne s'y accommode du respect des

vieilles pierres. Siège du Conseil de l'Europe et du Parlement européen, accueillant une grande foire européenne en septembre, métropole intellectuelle et économique, la cité où Gutenberg inventa l'imprimerie est marquée par le parfait équilibre entre le passé et le présent.

La curieuse et haute flèche ajourée de la cathédrale gothique, l'une des plus originales de France, jaillit au-dessus d'un vénérable quartier restauré avec goût et maintenant piétonnier. Le grand vaisseau, dont le grès rose s'assombrit est vêtu d'une prodigieuse dentelle de pierre et éclairé par la mosaïque chatoyante de précieux vitraux des XIIe, XIIIe et XIVe siècles. Sa grande curiosité, une horloge astronomique peuplée d'automates, sonne chaque jour midi... à 12 h 30. À deux pas de la cathédrale, l'harmonieux château des Rohan reflète dans l'Ill son ample façade, devant les vieilles maisons alsaciennes du quai des Bateliers. Ses somptueux salons et son sous-sol abritent les riches collections de trois musées. Le Musée alsacien, aménagé, en face de l'ancienne Douane reconstruite, dans une belle demeure du XVIIe siècle,

bouleversement géologique : l'effondrement qui disloqua un vieux massif et sépara les Vosges de la Forêt-Noire. Elle est essentiellement constituée d'une longue plaine que veillent de pittoresques collines accotées au bloc vosgien, dont les sommets chauves, arrondis par l'érosion, émergent des forêts. La multiplicité des sols explique les différences de végétation et la variété des cultures. La plaine se couvre ici de cailloutis où poussent des chênes, là, d'un limon opulent, le loess ; ailleurs, elle est marécageuse : c'est le Ried vert et humide, partiellement métamorphosé par les travaux de drainage. Les mamelons prenant le soleil au pied des Vosges, à l'orée des vallées, sont couverts de vignes taillées haut, dont le rendement bat tous les records de France. Les cépages riesling, traminer, gewurztraminer, tokay, pinot et sylvaner s'accrochent à des pentes parfois très rudes, dévalant vers de vieux bourgs propres comme des sous neufs.

Les vins — la grande affaire de l'Alsace, surtout dans la région de Colmar — ne portent pas le nom d'un château ou d'un cru illustre ; ils sont désignés par le nom du cépage dont ils sont issus : un riesling, un tokay... Pour différencier les meilleures bouteilles des autres, il faut prêter attention à l'étiquette et connaître les noms des propriétaires et des négociants qui composent l'aristocratie d'un vignoble infiniment morcelé. Question de mémoire et d'entraînement... Seuls, le zwicker et l'edelzwicker font exception, mais il s'agit de mélanges, petits blancs de comptoir qui rafraîchissent agréablement et ne laissent pas de souvenir.

▲
Inséparables du décor urbain de l'Alsace, les géraniums rouges ont investi le vieux puits à trois poulies de Rosheim.
Phot. R. Mazin

la France

permet de voyager dans un passé encore proche et profondément attachant.

Colmar, ville moyenne au charme intense, possède un musée célèbre (Unterlinden, où est exposé le retable d'Issenheim), mais on pourrait presque dire que la cité tout entière est un musée : une rénovation admirablement conduite a ressuscité le vieux quartier des Tanneurs, la « Petite Venise » dont les pignons se mirent dans la Lauch. D'Unterlinden aux anciennes demeures de bateliers, Colmar offre un véritable festival de maisons alsaciennes, ses églises, son ancienne Douane. La ville est toute proche des Vosges et des beaux villages viticoles : Eguisheim, enfermée dans l'enceinte de ses remparts et veillée par ses trois tours ; Kaysersberg, s'étirant à l'orée d'une vallée profonde ; Riquewihr, étonnant village d'opérette, dont la longue rue principale est envahie par les touristes ; Ribeauvillé, au nord, toujours attachée à sa traditionnelle fête des Ménétriers...

Mulhouse, la grande ville du sud, possède de vieilles maisons et un hôtel de ville de la Renaissance rhénane, où est installé un musée historique. Ancienne « Manchester » du continent, elle conserve une vocation industrielle très marquée. Cité libre qui fit partie de la Décapole, confédération de villes alsaciennes, Mulhouse garda son indépendance lorsque les traités de Westphalie réunirent l'Alsace à la France, à laquelle elle ne se donna,— volontairement, par un vote,— qu'en 1798. Aux XVIIIe et XIXe siècles, elle connut la richesse grâce à ses manufactures d'étoffes imprimées. Les « cotons illustrés » mulhousiens, inspirés, à l'origine, des indiennes importées d'Orient, connurent une vogue incroyable. Le musée de l'Impression sur étoffes contient des échantillons par millions, témoignages séduisants de l'imagination fertile des dessinateurs.

À l'ouest de Mulhouse, sur la voie menant au col de Bussang et à la panoramique route des Crêtes, Thann élève sa mince et élégante église Saint-Thiébaut, ancienne collégiale gothique appelée localement « cathédrale » et dont on se plaît à faire la Sainte-Chapelle de l'Alsace. Au sud de Mulhouse, l'Alsace s'achève par une région bien individualisée : le montueux Sundgau mêle forêts, vergers et cultures autour d'Altkirch, sa petite capitale haut perchée ; semé d'étangs, très verdoyant, il présente un caractère suisse assez prononcé.

les Vosges

Gros bastion aux reliefs empâtés d'où émergent des sommets arrondis, les « ballons », le massif des Vosges s'abaisse doucement vers le plateau lorrain et domine abruptement les deux départements alsaciens. Rempart de la sèche Alsace, il est très enneigé certains hivers, ce qui permet la pratique d'un ski de piste peu vertigineux et, surtout, du ski de fond : les larges fermes trapues, aux murs épais et au toit important, sont adaptées à un climat rude. Rabotées par les glaciers, les Vosges sertissent des lacs charmants dans des cirques isolés ou des vallées barrées par les moraines ; l'un des plus beaux — et le plus grand —, celui de Gérardmer, s'épanouit au centre d'une couronne de pentes boisées. Granitiques ou gréseuses (le grès rouge a servi à la construction d'églises et de châteaux), les Vosges donnent presque partout une impression de « vraie montagne », bien que le ballon le plus élevé, celui de Guebwiller, ne culmine qu'à 1 424 m. Les

◄

Chef-d'œuvre de l'art gothique, la façade délicatement ciselée de la cathédrale de Strasbourg est surmontée d'une seule flèche très haute, ce qui lui confère une dissymétrie caractéristique.
Phot. Lepage-Vloo

▲

Strasbourg : dans le paisible quartier de la Petite France, jadis peuplé de tanneurs, de pêcheurs et de meuniers, l'Ill se divise en bras et en canaux qui baignent les demeures anciennes.
Phot. S. Chirol

sommets, les cols et la jolie route des Crêtes offrent d'amples panoramas ; les hautes vallées réservent leur solitude et leur silence, troublé en été par le tintement des clarines.

Épaisse et majestueuse, sombre quand règne l'épicéa élancé, d'un vert plus vif lorsque dominent les sapins pectinés, égayée par la clarté des hêtres au tronc luisant, la grande forêt vosgienne comporte aussi des châtaigneraies sur le versant alsacien (elles fournissent les viticulteurs en échalas). Elle est exploitée, mais les tracteurs ont remplacé les schlittes, traîneaux qui, chargés de bûches, glissaient sur des voies de rondins, maintenus à grand peine par les bûcherons arc-boutés aux traverses. À partir de 1 100 m, la forêt, dont les luthiers de Mirecourt, les maîtres de forges et les cristalliers utilisèrent le bois, fait place aux « hautes chaumes », alpages ras où s'ébouriffent des touffes de myrtilles. Les « marcaires », bergers d'antan, séjournaient en altitude de mai à octobre, fabriquant sur place le fromage de Munster, maintenant produit dans les vallées. Leurs frustes logements, les « marcaireries », s'effondrent, ou se transforment en auberges pour accueillir les amateurs de ski de fond et les randonneurs de l'été.

La vosgienne Moselle se divise en deux bras afin de mieux arroser Épinal. Cette ville bâtie dans les bois, entre plaine et montagne, connut la célébrité avec ses naïves illustrations, les « images d'Épinal ». Si le versant oriental des Vosges est pays de vins, le versant occidental est celui des eaux minérales, avec les stations thermales de Plombières-les-Bains, de Bains-les-Bains, de Contrexéville et de Vittel. Agréables lieux de séjour avec leur casino, leur parc et leur environnement riche en excursions, ces deux dernières emplissent, bouchent et étiquettent chaque année des centaines de millions de bouteilles.

◀
L'un des nombreux lacs vosgiens nichés en haute montagne, dans de petits cirques aux parois abruptes où s'accrochent les sapins : Retournemer.
Phot. L.-Y. Loirat - C. D. Tétrel

▲
Un village de vignerons alsaciens, Riquewihr, aussi réputé pour la qualité de ses vins que pour son décor médiéval, pratiquement inchangé depuis le XVIᵉ s.
Phot. Garanger-Sipa-Press

la Lorraine

Nettement séparée de l'Alsace, la Lorraine aux frontières imprécises se fond doucement dans les pays de la Meuse, la Champagne et la Franche-Comté. Patrie de Jeanne d'Arc, qui naquit à Domrémy en 1412 et y entendit les saintes voix l'exhortant à délivrer la France des Anglais, la région que les Allemands entendaient s'approprier couvre les départements de la Moselle, de la Meurthe-et-Moselle, de la Meuse et des Vosges. Le plateau lorrain, aux hivers froids et aux étés brûlants, paraît austère, avec ses vastes champs et ses prairies sans haies ni arbres, avec ses villages-rues aux façades échancrées par de larges porches (les maisons s'organisent en profondeur, donnant à l'arrière sur des jardins invisibles). La région des vins de la Moselle — où les vignobles reculent devant les plantations d'arbres fruitiers — est plus modelée, plus avenante, égayée par la blancheur de la roche : on l'a surnommée « sourire de la Lorraine ».

Prolongement du gisement sarrois, le bassin houiller s'étend de la frontière allemande à Faulquemont, de part et d'autre de l'autoroute de l'Est. Aux cokeries et aux tours des centrales thermiques de cette « Lorraine du charbon » répondent les énormes aciéries de la « Lorraine du fer », celles des bassins de Longwy, de Thionville et de Briey. Avec ses

cheminées qui pointent au-dessus des forêts cachant le paysage industriel, c'était la nuit, une région flamboyante... qu'enrichissait encore depuis la préhistoire, le sel dont les gisements formaient, avec le bassin houiller et la zone du fer, le fameux « triangle lorrain » aujourd'hui sinistré par la crise économique.

Les belles perspectives de Nancy

« Colline inspirée » pour Maurice Barrès, la butte boisée de Sion-Vaudémont est un belvédère sur la Lorraine du sud, entre Meuse et Moselle, jolies rivières qui encadrent la partie principale du parc naturel régional. Un affluent de la Moselle, la Meurthe, arrose Nancy, l'ancienne capitale de Stanislas Leszczyński, roi sans royaume et dernier duc de Lorraine. Le prince polonais du Siècle des Lumières métamorphosa la cité, qui unissait une Vieille Ville médiévale et une Ville Neuve du XVIᵉ siècle. Il fit abattre les murailles de Nancy vers 1750 et offrit à la cité le plus parfait des ensembles architecturaux de l'époque : la place Stanislas, avec ses pavillons élégants, ses magnifiques grilles rehaussées d'or et ses fontaines, et la place de la Carrière, dont la perspective s'épanouit en une cour ovale à colonnade. L'ancien palais ducal, dont la longue et austère façade s'orne d'un joyau flamboyant et Renaissance, la *Porterie*, abrite l'important Musée historique lorrain (superbe collection de gravures et de cuivres de Jacques Callot). Le XVIIIᵉ siècle marqua également l'architecture religieuse,

notamment avec l'église Notre-Dame-du-Bon-Secours.

Metz, l'autre grande ville lorraine, la « cité aux vingt-deux ponts », occupe un beau site au confluent de la Seille et d'une Moselle capricieusement ramifiée. Cette agglomération souriante, aux vertes promenades, est un véritable musée monumental, avec la noble place d'Armes, l'hôtel de ville classique, le curieux « Grenier » du XVᵉ siècle, la place Saint-Louis et ses arcades, la médiévale porte des Allemands, les églises. Chef-d'œuvre gothique aux merveilleux vitraux, la cathédrale Saint-Étienne paraît parfaitement homogène, bien qu'elle ait réuni deux

▲
Nancy : les somptueuses ferronneries rehaussées d'or de Jean Lamour et les fontaines de Barthélemy Guibal (ici, celle de Neptune) apportent une note de fantaisie dans la parfaite ordonnance classique de la place Stanislas.
Phot. Bouquignaud-Top

églises orientées à angle droit. La tour la plus haute (88 m), qui fait fonction de beffroi, abrite un énorme bourdon, « Dame Mutte », pesant près de 11 tonnes.

Les horreurs de la guerre

Terre de passage cent fois ruinée, la Lorraine fut particulièrement éprouvée par la Première Guerre mondiale. Verdun, où fut signé le décisif traité de 843 partageant l'héritage de Charlemagne, est aujourd'hui une calme sous-préfec-

ture. Cette cité des Côtes de Meuse, proches de l'Argonne, garde le souvenir de la grande Guerre : ville stratégique, elle n'était plus que décombres lors de la signature de l'armistice... Le monument de la Victoire, le proche fort de Vaux et l'immense ossuaire de Douaumont rappellent les combats incessants et, surtout, les massacres de 1916 ; plus de 400 000 soldats français périrent pour «tenir» Verdun !

Au nord-est de la Lorraine, la Meuse enchaîne ses méandres dans le massif des Ardennes, où flotte le souvenir des légendaires fils Aymon, les quatre frères qu'une chanson de geste fait chevaucher le fabuleux cheval

Bayard. S'étendant aussi sur la Belgique, les Ardennes culminent modestement à 504 m, mais sont très accidentées et présentent une physionomie réellement montagneuse. Cette région au rude climat, meurtrie par les combats de 1914-18 et de 1939-40, est couverte d'une belle et profonde forêt : chênes sombres et bouleaux clairs s'y mêlent, et dans les mystérieux sousbois envahis de fougères errent d'innombrables sangliers. Charleville, patrie de Rimbaud, maintenant unie à la cité jumelle de Mézières, s'organise autour d'une harmonieuse place Ducale, ensemble à arcades du XVIIᵉ siècle qui évoque la parisienne place des Vosges.

▲

Nancy : le fronton de l'hôtel de ville, qui occupe le fond de la place Stanislas, porte les armes de Stanislas Leszczyński, roi de Pologne et beau-père de Louis XV, qui devint duc de Lorraine après avoir perdu son royaume.
Phot. S. Marmounier

la Champagne

La Champagne n'est pas seulement un vignoble de réputation mondiale. Entre la Seine et la Marne, la Champagne crayeuse, que ses sols naturellement pauvres faisaient naguère appeler «Champagne pouilleuse», s'étend au nord de Troyes, ville d'art riche en maisons à colombage et en églises gothiques ou Renaissance. Jadis capitale du comté de Champagne, la cité que le Bernin comparait à une petite Rome a perdu plusieurs des sanctuaires d'antan, mais elle est toujours hérissée de nombreux clochers. Élevée lentement du XIIIᵉ au XVIᵉ siècle, la cathédrale Saint-Pierre-et-Saint-Paul conserve des verrières chatoyantes, dont le célèbre vitrail du *Pressoir mystique* (1625). Troyes, dont le musée des Beaux-Arts abrite d'importantes collections de peinture et de sculptures, est un grand carrefour proche de la Bourgogne. La campagne environnante est devenue fertile grâce aux progrès des techniques agricoles : les blanches étendues calcaires, assombries par des bois de pins, sont maintenant couvertes de champs de céréales et de betteraves. Les paysans continuent d'y engraisser des porcs, matière première d'une andouillette réputée.

Au sud-est, la verte et riante Champagne humide, parsemée de hameaux paisibles et de grosses fermes à pans de bois, allonge ses molles collines et ses bocages entre la Champagne crayeuse et le Barrois (région de Bar-le-Duc). Cette séduisante campagne entoure de grandes et épaisses forêts, dont une, celle

d'Orient, est devenue parc naturel régional (son vaste lac sert d'escale aux oiseaux migrateurs aquatiques). Le bourg de Chaource, à une trentaine de kilomètres de Troyes, abrite dans son église une superbe *Mise au tombeau* du XVIᵉ siècle, mais est sans doute plus connu pour son onctueux fromage.

La Champagne du champagne

À l'ouest de la Champagne crayeuse et de Sézanne, de douces et longues ondulations, coiffées de petits bois, offrent leurs pentes aux alignements réguliers de la vigne : c'est la côte Champenoise, qui culmine à moins de 300 m aux alentours de la Montagne de Reims. Le pays du vin de la fête...

La Champagne exporte ses lourdes et solides bouteilles par dizaines de millions, la production totale annuelle pouvant dépasser 150 millions de cols. Un moine de l'abbaye de Hautvillers, dom Pérignon, passe pour avoir inventé, à la fin du XVIIᵉ siècle, la fameuse méthode permettant d'élaborer ce «vin à bulles» à nul autre pareil. Cette méthode est utilisée en d'autres régions et en d'autres pays avec des succès divers, mais il n'est de vrai et de grand champagne que de Champagne.

S'étendant sur les départements de la Marne (essentiellement), de l'Aube et de l'Aisne, les vignes qui serpentent au flanc des côteaux calcaires ne comportent pratiquement que deux cépages : le pinot noir et le chardonnay blanc, ce dernier témoignant d'une affinité particulière avec la côte des Blancs, au sud d'Épernay. Les champagnes sont manipulés, puis vieillis dans

Histoire
Quelques repères

451 : le général romain Aetius repousse les Huns d'Attila au «Campus Mauriacus» à l'ouest de Troyes (bataille dite «des champs Catalauniques»).
486 : Clovis s'empare de la Champagne.
Entre 496 et 507 : il se fait baptiser à Reims, berceau de la monarchie franque.
IXᵉ s. : invasions normandes.
Xᵉ s. : invasions hongroises ; le comté de Troyes échoit par succession à la famille de Vermandois, qui l'associe au comté de Meaux.
XIIᵉ-XIIIᵉ s. : les comtes de Champagne sont parmi les plus puissants seigneurs de France ; les grandes foires font la fortune des villes.
XIVᵉ s. : la Champagne est réunie à la couronne de France.
1429 : Jeanne d'Arc fait sacrer Charles VII à Reims.
Fin du XVIIᵉ s. : naissance du champagne, attribuée à un moine bénédictin, dom Pérignon.
1814 : les combats de Champagne ne peuvent empêcher la chute de l'Empire.
1915-1918 : les batailles de Champagne jouent un grand rôle dans la Première Guerre mondiale.

les interminables galeries et les immenses salles à température constante creusées dans la craie : ces «caves» aux dimensions de cathédrales sont souvent ouvertes aux visiteurs.

Jadis «tranquille», quoique prompt à s'agiter d'un pétillement naturel, le champagne fit la conquête d'une minorité privilégiée au XVIIIᵉ siècle, lorsqu'il fut systématiquement commercialisé en mousseux ; il est maintenant exporté dans plus de 150 pays, et son prestige ne s'est jamais démenti, malgré une concurrence acharnée. Il est produit par des «récoltants-manipulants», vignerons élaborant eux-mêmes leur vin, par des coopératives et, surtout, par de grandes maisons au nom célèbre, achetant le raisin et possédant parfois des vignes : Krug, qui s'enorgueillit de sa faible production ; Roederer, fidèle à une gamme assez restreinte ; Bollinger ; Mumm, maison créée par des Allemands, comme l'avaient été Heidsieck et Piper-Heidsieck ; Taittinger, qui succéda à une maison fondée en 1734 ; Veuve Clicquot-Ponsardin (la veuve a existé !) ; Moët et Chandon, la plus grosse affaire de champagne, cotée en bourse ; Perrier-Joët, Lanson, Pol Roger et bien d'autres, dont l'origine remonte souvent à l'Ancien Régime. La plupart des grandes firmes champenoises sont implantées à Reims ou à Épernay, les deux capitales du vignoble.

La cathédrale des sacres

Belle et grande ville dès l'époque gallo-romaine, au cours de laquelle furent creusées bien des crayères servant aujourd'hui de caves, Reims s'élève sur un sous-sol taraudé de galeries où vieillissent des millions de bouteilles. La cité où fleurissent les panneaux des négociants en champagne appartient à l'histoire de la France : saint Remi y baptisa Clovis en 496, la plupart des rois s'y firent sacrer. Notre-Dame, sublime cathédrale gothique où la Pucelle conduisit Charles VII pour qu'il y reçoive l'onction, dresse au cœur de la ville une façade somptueusement sculptée, peuplée de statues dont les plus célèbres sont le groupe de la *Visitation* et l'ange connu sous le nom de *Sourire de Reims*. Le sanctuaire au style si pur, que magnifie le crépuscule, faillit disparaître pendant la Grande Guerre, au cours de laquelle il fut bombardé et incendié ; le palais archiépiscopal, à côté, fut totalement ruiné. La remarquable basilique Saint-Remi, ancienne abbatiale romano-gothique, dut également être restaurée.

Épernay, l'autre capitale du vin joyeux, est située au bord de la Marne. Ville moyenne sans richesses architecturales, elle possède un intéressant musée des Vins de Champagne et étire sous les coteaux un dédale de galeries et de caves d'une cinquantaine de kilomètres. La route touristique de la côte des Blancs fait découvrir Vertus, gros bourg ancien où une source jaillit au chevet de l'église médiévale.

▲
Joyau de la sculpture champenoise du XIIIᵉ s., le célèbre Ange au sourire *de Reims orne le portail de gauche de la cathédrale.*
Phot. J. Bottin

▶
Très éprouvée par la Première Guerre mondiale, la cathédrale de Reims a retrouvé, grâce à une patiente restauration, l'inégalable pureté de son style, due à l'exceptionnelle rapidité de sa construction (moins d'un siècle).
Phot. J. Bottin

la France

la Picardie

Au nord du Bassin parisien s'étend le riche plateau picard. Entaillé de vallées, c'est une région de cultures intensives et de jardins maraîchers, dont le rebord marin est ourlé de dunes et jalonné de stations balnéaires. Dans l'or pâle du sable et l'abri vert des pins s'étale une grande villégiature lancée à la Belle Époque, envahie en été par les gens du Nord et les Parisiens : Le Touquet-Paris-Plage, perle de la Côte d'Opale au ciel nacré, station internationale qu'une interminable plage relie à Berck, où se sont multipliés les établissements soignant les maladies osseuses. Échancrée par les estuaires de la Somme et de la Canche, la côte file droit vers le nord jusqu'à Boulogne-sur-Mer, premier port de pêche français, se relève en falaises au cap Gris-Nez, à l'orée du Pas-de-Calais, devient flamande à Calais, s'industrialise à Dunkerque, puis appartient à la Belgique.

Âprement disputée par l'Angleterre, la France et le duché de Bourgogne, la paisible et fertile Picardie fut balayée par maintes invasions. Cette région verdoyante, que constellèrent les exploitations agricoles gallo-romaines, connut bien des batailles à travers les âges, mais n'en fut pas moins le berceau de l'art gothique et s'enrichit de nombreux monuments. Amiens, sa tranquille capitale, où s'alanguit la Somme divisée en plusieurs bras, s'enorgueillit d'un immense et clair vaisseau, «bible de pierre» aux admirables sculptures : la cathédrale Notre-Dame, chef-d'œuvre d'équilibre et d'harmonie. Tout de blancheur le matin, fauve à midi, rose le soir, ce sanctuaire, datant essentiellement du XIIIe siècle, paraissait à Viollet-le-Duc «l'église ogivale par excellence». C'est la plus grande cathédrale gothique de France, mais elle aurait été dépassée par Saint-Pierre de Beauvais... si cette église hardie avait été achevée. Port maritime sur la Somme, dont l'estuaire attire le gibier d'eau, Abbeville a perdu son pittoresque avec les destructions de la dernière guerre, mais miraculeusement conservé la façade de son église Saint-Vulfran, joyau du gothique flamboyant.

Souvent comparée à la Normandie et à la Suisse, la Thiérache aux eaux vives et aux vallées verdoyantes est un pays d'élevage aux grosses fermes aimables, où ruminent les vaches laitières (on y fabrique, depuis le Moyen Âge, un fromage carré et fort, le maroille). Véritable acropole, Laon occupe un site exceptionnel, au sommet d'un rocher-belvédère. À la fois robustes et légères, les tours de la cathédrale dominent les remparts et les vieilles rues de la ville perchée, ancienne capitale de la France carolingienne, qui devint une grande cité épiscopale.

Histoire
Quelques repères

Époque gallo-romaine : déjà riche et active, la Picardie est rattachée par les Romains à la Belgique.

Moyen Âge : le pays est gouverné par une féodalité puissante, souvent ecclésiastique (abbayes).

XIIe s. : des immigrants flammands importent l'industrie du drap, qui enrichit la bourgeoisie des villes.

XIIe-XIVe s. : les rois de France rattachent progressivement la Picardie à la Couronne.

1435 : traité d'Arras (cession par Charles VII des villes de la Somme au duc de Bourgogne).

1477 : reconquête de la Picardie et des villes de la Somme par Louis XI.

XVIe-XVIIe s. : invasions espagnoles.

1814 : campagne de France, terminée par l'abdication de Napoléon.

1914-18 : offensives françaises et anglaises; bataille de Picardie.

1939-40 : campagne de France; bataille de la Somme.

◀
Les trois portails de la cathédrale d'Amiens, le plus vaste sanctuaire gothique de France, sont couverts de statues et de bas-reliefs qui constituent un précieux «livre de pierre».
Phot. Cuny-Explorer

▲
À marée basse, la mer déserte la baie de Somme, où les bateaux de pêche du Hourdel, échoués sur le sable, attendent le flux qui leur redonnera vie.
Phot. Anderson-Fournier-Explorer

▶
Station balnéaire la plus méridionale de la côte picarde, Mers-les-Bains aligne les villas de son front de mer au pied d'une blanche falaise de craie annonçant la toute proche Normandie.
Phot. Anderson-Fournier-Explorer

la Flandre

Aujourd'hui partagé entre Français et Belges, l'ancien fief des ducs de Bourgogne, à la fois industriel et rural, étale, des reliefs de l'Artois aux plateaux du Hainaut et du Cambrésis, ses plaines au sol lourd, ses molles collines et ses terrils sous un ciel immense, souvent gris. Le plat pays flamand, dont la côte basse fut en partie conquise sur la mer et aménagée en polders, se partage entre des paysages humides et verts, et le décor usinier du bassin houiller et d'une région industrielle surtout voué au textile. La zone des mines et des corons, où l'exploitation du charbon s'est considérablement ralentie, a été surnommée « pays noir ». Ses austères et répétitives agglomérations de briques sombres sont bien différentes des villages ruraux, dont les demeures confortables se détournent de la rue, et des grandes fermes se donnant parfois l'air de maisons fortes. La Flandre (ou les Flandres) déconcerte les Méridionaux, mais elle est moins monotone et surtout plus accueillante qu'on ne l'imagine : les Flamands réalistes dissimulent un fond cha-

▲
Derrière le bulbe à double lanternon qui couronne le beffroi de Comines, la Lys, rivière frontière, sépare la Flandre française de la Flandre belge.
Phot. Leclercq-Fotogram

leureux sous leur apparente froideur, gardent le sens de la fête et restent fidèles à leurs joyeuses kermesses.

Des villes à beffroi

Capitale de la Flandre française, Lille a débordé depuis longtemps les remparts de brique qui la délimitaient jadis. L'active ville natale du général de Gaulle, encore riche d'édifices des XVIIe et XVIIIe siècles, forme une énorme métropole industrielle avec Roubaix, Tourcoing et des communes groupées en une vaste communauté urbaine. Animée, assez noctambule, rajeunie par son université, la cité du *P'tit Quinquin* est particulièrement vivante du côté de l'hétéroclite Grand-Place (place du Général-de-Gaulle), de l'ancienne Bourse baroque et de l'« alignement du Beau Regard », composé de vénérables demeures du XVIIe siècle. Lille était privée de tour communale depuis le milieu du siècle dernier, anomalie choquante en ce pays de beffrois : les années 1930 lui offrirent un gratte-ciel-beffroi en brique et béton, géant de 105 m d'où l'on découvre un immense panorama. Le musée des Beaux-Arts — un des plus riches de France — possède d'importantes collections de primitifs et de toiles des écoles flamande, hollandaise et française.

Arras, capitale de l'Artois, dotée d'un superbe ensemble architectural flamand, Cambrai, capitale du Cambrésis, dont Fénelon fut l'archevêque, et Valenciennes, moderne capitale du Hainaut, préservent leur autonomie face à l'énorme agglomération Lille-Roubaix-Tourcoing. Cambrai, dominée par un spectaculaire beffroi de 70 m, vit à l'heure des jaquemarts de

Histoire
Quelques repères

Époque gallo-romaine : la région fait partie de la province de IIe Belgique.
IVe s. : incursions des Francs et des Saxons.
Ve s. : le pays est ravagé par les Saliens, puis germanisé par les Ripuaires.
VIe-VIIe s. : les abbayes favorisent la fabrication du drap.
IXe s. : incursions normandes.
Xe s. : constitution du comté de Flandre.
XIIe s. : essor économique et création de puissantes associations de marchands ; Philippe Auguste renforce la suzeraineté royale.
XIVe s. : la mévente du drap suscite des luttes entre cités ; la Flandre intégrée au duché de Bourgogne.
XVe s. : domination des Habsbourg.
XVIe s. : Charles Quint brise les derniers liens de vassalité entre la Flandre et la France.
XVIIe s. : la France récupère petit à petit la Flandre française.
1815 : bataille de Waterloo, consacrant la ruine de Napoléon.
XIXe-XXe s. : au cours des guerres de 1870-71, 1914-18 et 1939-44, la Flandre est le théâtre de nombreuses batailles.

▶
La cour à arcades de l'ancienne Bourse de Lille, construite au XVIIe s., sous l'occupation espagnole, hébergea une statue de Napoléon fondue avec le bronze des canons d'Austerlitz.
Phot. Garanger-Sipa-Press

l'hôtel de ville, Martin et Martine, et fait toujours... des «bêtises» (sortes de berlingots à la menthe). Valenciennes, sur l'Escaut, a été très endommagée par les guerres ; aujourd'hui, les fabriques de bonneterie y voisinent avec des usines métallurgiques et des entreprises chimiques : rien à voir avec les aériennes dentelles qui firent jadis la gloire de la ville.

Maubeuge, à laquelle la chanson prête des clairs de lune particulièrement poétiques, s'est développée sur la Sambre, qui rejoint la Meuse dans la proche Belgique. Nous sommes, là aussi, dans un pays industriel qui souffrit beaucoup de la dernière guerre. Jadis fortifiée par Vauban (elle constitua une redoutable place forte), la ville, entourée d'usines, s'anime en juillet avec sa longue kermesse de la Bière.

Seuil plat où défilèrent les envahisseurs au fil des siècles, le Vermandois aux frontières mal balisées déploie ses champs réguliers autour de Saint-Quentin, ville martyre de la Première Guerre mondiale, étagée sur une colline calcaire percée de galeries et de caves. Veillant la Somme canalisée et l'étang d'Isle, la cité tire une légitime fierté d'une basilique gothique qui échappa de peu à la destruction totale et des pastels de Quentin de La Tour réunis dans son musée ■   Jacques-Louis DELPAL

▲
Magnifique ensemble d'architecture flamande, la place des Héros d'Arras déploie ses pignons ornementés de part et d'autre de l'hôtel de ville flamboyant, que dominent les 75 mètres du beffroi à carillon.
Phot. Berne-Fotogram

▶
Silhouette traditionnelle du «plat pays», où rien n'arrête le vent qui couche les épis, un moulin bien conservé, aux environs de Dunkerque.
Phot. Loirat-C. D. Tétrel